本书获得安徽省哲学社科规划青年项目“安徽省地方政府融资平台风险的实证评估及其治理路径”(AHSKQ2014D057)和合肥学院会计硕士专业学位授权点培育项目资助

安徽省地方政府融资平台风险的实证评估及其治理路径

俞 军 著

合肥工業大學出版社

图书在版编目(CIP)数据

安徽省地方政府融资平台风险的实证评估及其治理路径/俞军著．—合肥：合肥工业大学出版社，2018.8

ISBN 978-7-5650-4120-4

Ⅰ.①安… Ⅱ.①俞… Ⅲ.①地方财政—融资—风险评价—安徽②地方财政—融资—风险管理—安徽 Ⅳ.①F812.754

中国版本图书馆CIP数据核字(2018)第201086号

安徽省地方政府融资平台风险的实证评估及其治理路径

俞　军　著　　　　责任编辑　王钱超

出　版	合肥工业大学出版社	版　次	2018年8月第1版
地　址	合肥市屯溪路193号	印　次	2018年8月第1次印刷
邮　编	230009	开　本	710毫米×1010毫米　1/16
电　话	人文编辑部：0551-62903915	印　张	10.75
	市场营销部：0551-62903198	字　数	175千字
网　址	www.hfutpress.com.cn	印　刷	安徽昶颉包装印务有限责任公司
E-mail	hfutpress@163.com	发　行	全国新华书店

ISBN 978-7-5650-4120-4　　　　定价：39.00元

目　　录

第 1 章　导　论 ………………………………………………………… (001)

1.1　问题的提出 ………………………………………………………… (001)

1.2　地方政府融资平台的概念界定 …………………………………… (004)

1.2.1　国务院文件 ……………………………………………………… (004)

1.2.2　银监会文件 ……………………………………………………… (005)

1.2.3　国家四部委与金融机构文件 …………………………………… (005)

1.3　地方政府融资平台的功能和作用 ………………………………… (006)

1.3.1　地方政府融资平台的功能 ……………………………………… (007)

1.3.2　地方政府融资平台的作用 ……………………………………… (009)

第 2 章　地方政府融资平台研究的理论基础 ………………………… (011)

2.1　凯恩斯政府干预理论 ……………………………………………… (011)

2.1.1　凯恩斯政府干预理论概述 ……………………………………… (011)

2.1.2　基于凯恩斯政府干预理论的地方政府投融资问题 …………… (012)

2.2　公共产品理论 ……………………………………………………… (012)

2.2.1　公共产品理论概述 ……………………………………………… (013)

2.2.2　基于公共产品理论的地方政府投融资问题 …………………… (014)

2.3　公共池塘理论 ……………………………………………………… (014)

2.3.1 公共池塘理论概述 …… (014)
2.3.2 基于公共池塘理论的地方政府投融资问题 …… (016)
2.4 财政分权理论 …… (017)
2.4.1 财政分权理论概述 …… (017)
2.4.2 基于财政分权理论的地方政府投融资问题 …… (018)
2.5 地方政府竞争与晋升理论 …… (019)
2.5.1 地方政府竞争与晋升理论概述 …… (019)
2.5.2 基于地方政府竞争与晋升理论的地方政府投融资问题 …… (020)
2.6 预算软约束理论 …… (021)
2.6.1 预算软约束理论概述 …… (021)
2.6.2 基于预算软约束理论的地方政府投融资问题 …… (022)

第3章 国外地方政府融资平台发展经验与启示 …… (023)

3.1 基于市场主导的美国地方政府投融资模式 …… (023)
3.1.1 美国地方政府融资模式的主要资金来源 …… (024)
3.1.2 美国地方政府投融资模式的运行机制 …… (025)
3.1.3 美国地方政府债务的风险控制 …… (026)
3.1.4 美国模式在英国的应用和创新 …… (029)
3.1.5 美国模式在新加坡的应用和创新 …… (029)
3.2 基于政府主导的日本政府投融资模式 …… (029)
3.2.1 日本模式的特殊资金来源渠道和管理 …… (030)
3.2.2 日本政府投融资模式的应用 …… (032)
3.2.3 日本政府投融资模式的主要机构 …… (032)
3.2.4 日本地方政府债务的风险控制 …… (033)
3.2.5 日本模式对社会经济发展的影响和作用 …… (034)
3.3 基于市场主导、政府督办的韩国政府投融资模式 …… (034)
3.3.1 韩国政府投融资模式的资金来源 …… (035)

3.3.2 韩国政府投融资模式的主要机构和运作机制 …………………… (035)
3.3.3 韩国政府投融资风险的管理 ……………………………………… (036)
3.4 基于事权分离的澳大利亚政府投融资模式 ………………………… (037)
3.4.1 澳大利亚地方政府融资模式的资金来源与运行 ………………… (037)
3.4.2 澳大利亚地方政府债务的风险控制 ……………………………… (039)
3.5 基于跨国区域联盟的欧盟政府投融资模式 ………………………… (041)
3.6 国外地方政府融资模式的启示和借鉴 ……………………………… (042)

第 4 章 我国地方政府融资平台的演变历程及现状分析 …………………… (045)

4.1 我国地方政府融资平台的演变历程 ………………………………… (045)
4.1.1 分税制改革前的萌芽阶段(1978—1994) ………………………… (045)
4.1.2 分税制改革后的初创阶段(1994—1997) ………………………… (046)
4.1.3 亚洲金融危机后的推广阶段(1997—2008) ……………………… (047)
4.1.4 次贷危机后的爆发阶段(2008—2010) …………………………… (048)
4.1.5 清理整顿后的规范发展阶段(2010 年至今) ……………………… (049)
4.2 我国地方政府融资平台的发展现状 ………………………………… (054)
4.2.1 我国地方政府融资平台债务融资规模 …………………………… (054)
4.2.2 地方政府融资平台投资建设和经营项目的类型及其特征 …… (058)
4.2.3 地方政府融资平台公司的类型 …………………………………… (060)
4.3 我国地方政府融资平台存在的主要问题 …………………………… (062)
4.3.1 债务风险问题突出 ………………………………………………… (062)
4.3.2 融资渠道不畅,融资结构单一 ……………………………………… (063)
4.3.3 投融资缺乏中长期规划,投资效率低下 …………………………… (064)
4.3.4 政府融资平台治理结构不健全 …………………………………… (064)
4.3.5 部分融资平台公司的设立与运作不规范 ………………………… (065)
4.3.6 信息披露不充分导致贷款银行信息不对称 ……………………… (066)
4.3.7 平台发展的非理性不利于宏观调控效果 ………………………… (067)

9.2.2 静态债务风险预警分析 …………………………………………… (129)
9.2.3 动态债务风险预警分析 …………………………………………… (131)

第 10 章 安徽省地方政府融资平台债务风险治理路径 ………………… (135)

10.1 宏观层面要健全国家防范债务风险的制度保障 ……………………… (135)
10.1.1 理顺政府之间的财政关系 ……………………………………… (135)
10.1.2 完善政府考核评价方法 ………………………………………… (137)
10.1.3 构建和完善地方政府融资平台的法律法规体系 ……………… (138)
10.1.4 借助市场手段提供公共服务 …………………………………… (139)
10.2 中观层面要完善安徽省地方政府化解债务风险的机制 ……………… (140)
10.2.1 构建安徽省地方政府多元融资渠道 …………………………… (140)
10.2.2 构建安徽省地方政府投融资全过程动态监管体系 …………… (144)
10.2.3 逐步放开安徽省地方债券市场 ………………………………… (145)
10.2.4 加强安徽省地方政府后备财力培养 …………………………… (147)
10.2.5 严格控制安徽省地方政府债务规模 …………………………… (148)
10.2.6 构建安徽省地方政府投融资风险预警措施 …………………… (149)
10.3 微观层面要提高安徽省融资平台应对债务风险的能力 ……………… (150)
10.3.1 健全安徽省地方政府融资平台债务动态监测体系 …………… (150)
10.3.2 建立安徽省地方政府融资平台债务信息披露制度 …………… (151)
10.3.3 提高安徽省地方政府融资平台债务风险预警水平 …………… (153)
10.3.4 强化安徽省地方政府融资平台债务风险治理能力 …………… (154)

参考文献 ……………………………………………………………………… (156)

第1章 导 论

1.1 问题的提出

地方政府融资平台是由中国地方政府及其部门和机构通过财政拨款或注入土地、不动产、股权、债券、规费、税费返还等资产设立的，以地方重点基础设施和公用事业建设、重大产业发展为主要投资与经营对象，依托地方政府资产、信用和土地等资源进行融资，承担地方政府公益性项目和准经营性项目融资功能，并拥有独立法人资格的经济实体，具体表现为建设投资公司、建设开发公司、投资开发公司、投资控股公司、投资发展公司、投资集团公司、国有资产运营公司、国有资本经营管理中心以及行业性的产业发展投资集团公司（如交通投资公司）等。2009年3月，为了抗击席卷全球的国际金融危机，保持宏观经济持续稳定增长，中国人民银行和银监会在《关于进一步加强信贷结构调整，促进国民经济平稳较快发展的指导意见》中明确鼓励有条件的地方政府组建融资平台，以完成国家4万亿元经济刺激计划中的地方配套资金。在中央政策的引导下，各个地方政府融资平台及融资规模急剧扩大，导致地方政府债务总额及财政风险骤然加大。在2013年博鳌亚洲论坛上，财政部原部长项怀诚指出我国地方政府包括平台债务在内的总债务余额预计超过20万亿元。2013年，审计署在“两会”上指出，目前各级政府总债务在15万亿～18万亿元。著名的国际评级机构惠誉国际将中国的长期本币信用评级从AA－降至A＋，理由是地方政府债务膨胀及影子银行扩张损害金融稳定。

各地政府融资平台作为地方政府重要的融资主体，自2008年以来迅猛发展，拓宽了地方政府的融资渠道，缓解了地方政府资金紧张的情况，为地方基础设施和公共事业建设提供了保证，并且在一定程度上缓解了全球经济危机对中国经济的影响，抑制了经济下滑过快的趋势，推动了我国经济尽快从低迷中复苏。在看到这些积极作用的同时，我们也应注意到地方政府融资平台本身就是我国在不断地探索中出现的一种具有中国特色的新事物，长远来看，它只是地方政府投融资过程中的一个过渡性的平台，存在着诸多的问题以及风险隐患。近年来，地方政府融资平台引致的财政风险和商业银行的金融风险等问题日益突出。这些问题如不及时解决，必然会成为我国经济平稳健康发展的负担。而全球经济危机以来，国内外经济形势动荡，更加剧了这些风险，欧元区主权债务危机和美国的财政悬崖给我国地方政府债务敲响了警钟。

审计署于2013年8月至9月按照“见人、见账、见物，逐笔、逐项审核”的原则，对安徽省本级及所属16个市、105个县（市、区）、1257个乡（镇）的政府性债务情况进行了全面审计。从举借主体看，融资平台公司、政府部门和机构、经费补助事业单位是政府负有偿还责任债务的主要举借主体，分别举借1460.48亿元、1059.17亿元、267.17亿元。举债主体是融资平台公司时，政府负有偿还责任的债务1460.48亿元，占比47.46%；政府负有担保责任的债务412.878亿元，占比68.67%；政府可能承担一定救助责任的债务1333.388亿元，占比82.37%。融资平台是安徽省地方政府性债务最主要的举债主体。2013年，审计署《36个地方政府本级政府性债务审计结果》公告：“18个省会和直辖市，负偿还责任的债务率超过100%的有9个省会城市；14个省会城市本级政府负有偿还责任的债务已逾期；有17个承诺以土地出让收入来偿债。”渣打银行指出中国债务问题在亚洲最严重，截至2012年末中国地方融资平台债务尚未偿还额在19万亿～20万亿元，约占GDP的38%，可能引爆金融危机。可见，巨量不完全透明的债务导致地方政府还债艰难，风险凸显。近年来地方政府偿债已经进入高峰期，解决地方政府债务问题已经刻不容缓。

为了使地方政府融资平台能够健康发展，更好地发挥它的积极作用，国务院下发了《国务院关于加强地方政府融资平台公司管理有关问题的通知》（国发〔2010〕19号）文件，要求“抓紧清理核实并妥善处理融资平台公司债务”；同时对融资平台公司、银行业金融机构、地方政府的担保行为等各个方面都做出了方向性的规范。在这一政策下，作为地方政府融资平台重要的融资手段之一的城投债发行暂停一月有余，进行整顿。2010年7月，财政部等四部委联合发布了《关于贯彻国务院关于加强地方政府融资平台公司管理有关问题的通知相关事项的通知》（财预〔2010〕412号），该文件对国发〔2010〕19号文中提到的问题进行了更加详细的注释和规范。2010年11月，国家发改委又颁布了《国家发展改革委办公厅关于进一步规范地方政府投融资平台公司发行债券行为有关问题的通知》（发改办财金〔2010〕2881号），细化了城投债发行的有关政策，城投债的发行迎来了新的发展契机，同时此文件也在很多具体的问题上对地方政府融资平台公司进行了规范要求，比如对政府的负债水平进行了量化要求。2011年10月，中央出台《2011年地方政府自行发债试点办法》的通知，批准上海、浙江、广东、深圳四个发达省市为试点，允许地方政府自行发债，这更是我国地方政府发债的积极探索，具有极其重要的意义。2011年的政府工作报告指出："对地方政府性债务进行全面审计，实施全口径监管，研究建立规范的地方政府举债融资机制"。2011年6月，审计署公布了其对各地政府负债水平的地毯式清查的结果。《国务院关于深化预算管理制度改革的决定》（国发〔2014〕45号）、《国务院关于加强地方政府性债务管理的意见》（国发〔2014〕43号）等文件要求"明确政府和企业的责任，政府债务不得通过企业举借，企业债务不得推给政府偿还，切实做到谁借谁还、风险自担"。《地方政府性债务风险应急处置预案》（国办函〔2016〕88号）提出严格落实责任追究问题，强调了风险事件发生后，适时启动责任追究机制，对地方政府、银行业金融机构有关责任人进行行政问责和追究法律责任，增强其风险意识和责任意识。2017年5月，财政部等六个部门联合印发《关于进一步规范地方政府举债融资行为的通知》（财预〔2017〕50号）要求切实加强融资平台公司融资管理，推动融资平台公司尽快转型为市场化运营的国有企业、依法合规开展市场化融资，地方政府及其所属部门不得干预融资平台公司的日常运营和市场化融资。

为进一步规范地方政府性债务管理，促进经济社会持续健康较快发展，安徽省根据上述中央相关文件精神，结合地方实际的经济社会情况，也制定了《安徽省人民政府关于加强地方政府性债务管理的实施意见》（皖政〔2015〕25号）、《安徽省地方政府债务风险评估和预警暂行办法（2016年）》文件，明确要求各市县"明确划清政府与企业界限，政府债务只能通过政府举借，不得通过企事业单位等举借”和“省财政根据各地区一般债务、专项债务、或有债务等情况，测算债务率、新增债务率、偿债率、逾期债务率等指标，并按不同权重计算综合风险指标，评估省、市、县债务风险状况，对债务高风险地区进行风险预警。债务风险高的，要积极采取措施，逐步降低风险；债务风险相对较低的，要合理控制债务余额的规模和增长速度”等。2016 年 8 月，安徽省财政厅出台《安徽省财政厅关于财政支持政府融资平台公司转型发展的意见》（财债〔2016〕1301 号）提出：“推动融资平台公司市场化改制，健全完善公司治理结构，实现市场化运营。根据平台公司自身的资产布局和业务结构，在明确功能定位、加强功能建设的基础上，改革转型为以城市基础设施投资、战略性新兴产业投资等为主业的国有资本投资运营公司，提升国有资产的规模集聚效应和资源利用效率。”

地方政府融资平台在应对外生性冲击、推进城镇化基础设施建设、优化投资环境、改善民生、创新融资体制、保障国民经济平稳较快发展等方面做出了突出的贡献，在今后的一段时期内，安徽省地方经济的持续稳定增长仍离不开融资平台积极作用的发挥。但融资平台的先前过度融资已经产生巨量债务，这严重透支了安徽省地方政府财力，融资平台债务的大量堆积可能导致地方债务乘机爆发，严重危及地方政府可持续提供公共产品的绩效，加剧安徽省等区域经济运行风险。

因此，有必要立足于安徽省地方社会经济环境和地方政府融资平台发展现状及相关制度背景，基于地方政府融资平台现有的运营模式和特征，借鉴世界各国和地区的政府债务融资经验教训，从宏观和微观、理论和实践，全方位、系统、深入地对安徽省地方政府融资平台的债务风险问题进行研究，为地方政府融资平台和决策部门提供可靠的债务数据分析结论和理论决策依据，严防区域性、系统性债务风险的发生。综上所述，研究安徽省地方政府融资平台的债务规范管理问题具有理论意义和现实意义。

1.2 地方政府融资平台的概念界定

1.2.1 国务院文件

2010 年，国务院在清理地方政府融资平台负债时下发了《国务院关于加强地方政府融资平台公司管理有关问题的通知》（国发〔2010〕19 号），将地方政府融资平台定义为："由地方政府及其部门和机构等通过财政拨款或注入土地、股权等资产设立，承担政府投资项目融资功能，并拥有独立法人资格的经济实体。"不过，对地方政府融资平台负有监管责任的各部委虽然认可这个定义，但是在实践中仍然保留着各自对平台概念的认识和理解，统计口径、侧重点和实际操作并不相同。例如，中国人民银行的实际调查范围包括铁路、公路、基础设施和教育医疗等各行各业的投融资平台，银监会的调查对象是"地方政府融资平台公司"，审计署侧重于"地方政府融资平台公司的地方政府性债务"。因此，各部委针对全国地方政府融资平台负债规模进行调查所得数据之间往往存在较大差异。

1.2.2 银监会文件

2013年4月，银监会公布《关于加强2013年地方政府融资平台贷款风险监管的指导意见》(银监发〔2013〕10号)，将地方政府融资平台定义为："指由地方政府出资设立并承担连带还款责任的机关、事业、企业三类法人。"这个定义严格遵守《国务院关于加强地方政府融资平台公司管理有关问题的通知》中"总量控制、分类管理、区别对待、逐步化解"的总体原则，强调地方政府的法人连带责任，并将融资平台分成三大类，体现了银监会对地方政府融资平台"差异化管理"和"全口径负债统计"的监管新思路。

1.2.3 国家四部委与金融机构文件

除了上述国务院和银监会之外，财政部、发改委、中国人民银行和银监会四部委在《关于贯彻国务院关于加强地方政府融资平台公司管理有关问题的通知相关事项的通知》中，对地方政府融资平台的概念又进行了一定的解释和说明。地方政府融资平台公司是指由地方政府及其部门和机构、所属事业单位等通过财政拨款或注入土地、股权等资产设立，具有政府公益性项目投融资功能，并拥有独立企业法人资格的经济实体，包括各类综合性投资公司，如建设投资公司、建设开发公司、投资控股公司、投资发展公司、投资集团公司、国有资产运营公司、国有资本经营管理中心等，以及行业性投资公司，如交通投资公司等。

根据国务院及相关部委的相关文件，目前各商业银行在对地方政府融资平台贷款清理过程中，对平台贷款的统计口径界定及具体管理措施方面仍然存在一定的差异，见表 1－1。

表 1－1　部分商业银行对地方政府融资平台贷款的统计口径及管理措施

银行名称	统计口径及管理措施
中国工商银行	中国工商银行使用四部委口径； 中国工商银行要求向各借款城市的贷款不得超过其年度财政总收入的100%，债务偿还总额占财政收入的比重必须低于15%； 禁止中国工商银行分行将单笔贷款用于多个项目
中国建设银行	中国建设银行使用四部委口径； 中国建设银行要求新项目贷款根据现金流评估，而不是依赖于地方政府的收入； 对于现有贷款，中国建设银行要求地方分行在认为地方政府担保不足的情况下增加抵押品要求； 严禁中国建设银行分行向经济开发区发放贷款
中国银行	中国银行的标准和四部委口径略有区别，主要在于四部委标准包括对交通运输、公路、铁路等行业的贷款，而中国银行在统计过程中，并不包括以上贷款项目
中国交通银行	中国交通银行使用自己的统计口径，即地方政府融资平台指从事政府项目开发和投资的一切实体公司，相对于四部委口径范围更加宽泛
招商银行	招商银行合算的地方政府融资平台贷款指可能需要从地方政府预算中获得一定的现金流贷款，与四部委统计口径角度不同

1.3　地方政府融资平台的功能和作用

构建地方政府融资平台的原因在于公共财政的有限性，仅仅依靠公共财政投资是无法满足地方基础设施建设所需的巨大投资。地方政府融资平台的建立，不但可以将地方政府所拥有的众多资产进行整合，提高资源的使用效率；还可以将一些资产证券化，以盘活资产，通过抵押、质押、发债和出售资产等手段来融通项目建设所需资金。可以说，地方政府融资平台对地方建设和经济发展做出了很大贡献。

通过梳理相关文献，地方政府融资平台的作用可以概括为以下几点：第一，从地方财政角度来看，地方政府融资平台作为一种新型的地方政府融资方式，能够在金融市场上筹集社会闲置资金，起到补充基础设施建设资金的不足、推动城市建设的积极作用；第二，从宏观角度来看，地方政府融资平台对降低金融危机对我国宏观经济的冲击，引导大量闲置资本参与实体经济和城市基础设施建设，引导地方产业健康有序的发展，促进地方走出经济困境具有积极作用，能促使地方政府更好地承担公共服务职能；第三，从市场角度来看，地方政府融资平台既是市场力量同地方政府开展公私合作的新尝试，也是国有资产优化重组的一种新尝试，是地方政府刺激经济的有效支持和辅助。

1.3.1 地方政府融资平台的功能

(1) 承担公共管理职能

地方政府融资平台除了具有城市建设的功能，也有利于推动准公益性和经营性政府投资项目的市场化运作。很多地方平台公司已经发展成为相对独立的经济实体，如投资控股型公司，推动相关项目的市场化规范运作比政府直接负债运作更有效，对当地的经济、文化、旅游、交通等各项公共服务职能有着较大的促进作用，使得城市居民生活水平有了很好的改善。同时由于平台公司将各种公共服务职能分为营利性与非营利性部门，对政府有相应的税收贡献，缓解了当地政府的财政紧张。不论是通过地方政府融资平台实行公共物品的 PPP 制度还是 BOT 制度，都有利于规范管理、妥善经营，降低公建项目的初期投资与运营成本，将公共产品交于私人管理与建设也是一项明智的选择。

(2) 推动城市建设

地方政府融资平台对于城市建设具有积极的推动作用。当前城市化进程要求国家投入大量资金用于城市基础设施建设，而中央财政给予的补贴又有限，地方政府为了当地建设不得不大量举债以满足城市的基础建设需求。如果不成立地方融资平台，仅靠政府对外隐形债务，势必隐藏政府原有债务而产生巨大风险，所以通过成立相应的地方融资平台公司，对外举债投资，可以运用持有的特许经营权获利以完成基础建设基金的募集功能。在现阶段的中国经济发展时期，地方政府融资平台具有举足轻重的作用，不能因为其具有的系统风险而全面否定其重要作用，融资平台在中国还会继续存在下去。从整个发展过程来看，它的积极作用仍然很大，它弥补了基础设施投资资金来源渠道单一的缺陷，开辟了地方政府新的融资渠道。

各级地方政府对于大型的铁路建设、公路建设、城市轨道交通建设以及城市基础设施建设和各项惠民安居工程都需要大量的财政投入，尤其在大中城市更为明显。北京、天津、上海、南京、广州等城市的地铁、高速公路以及大量的限价房与安置房都是依靠此类平台公司的融资才能完成建设功能，北京地铁就是一个典型的案例。由此可见，地方政府融资平台对当地城市化建设有不可磨灭的贡献。

（3）引导地方产业发展

地方政府融资平台的成立都会得到当地政府的大力支持，不仅对当地的城市化建设起到积极的作用，而且也可以根据地方政府的战略决策对地方产业进行引导。根据中央的文件精神，各级地方政府都有自己的战略发展规划，要将此规划付诸实施，产业引导是一种重要的措施。地方政府融资平台作为政府的全资子公司，具有执行地方政府政策引导的作用，在当地的产业引导当中起到极其重要的作用。

上海国盛集团就是最为典型的案例。上海国盛集团以融入上海“创新驱动、转型发展”为己任，为服务上海国资国企改革发展的大局，努力将自身建设为一个“资产和资本大出大进”的经营平台。根据上海市政府的相关意见，上海国盛集团对上海的产业引导发挥了功不可没的作用，先后作为上海市的出资主体参股中国商用飞机有限责任公司，占总股本的15%；参与出资中航民用航空电子有限公司，占总股本的15%；通过投资战略性产业的配套项目，促进上海战略性项目产业链的培育和发展。作为江苏省经济支柱的苏州与无锡都有自己相应的地方政府融资平台，也都对当地政府的产业引导发挥了积极的作用。根据无锡市政府的指导意见，无锡国联发展（集团）有限公司对当地的金融板块、能源板块以及高新技术板块进行了大量的投资，尤其对无锡当地的环保能源板块投入巨额资金以达到产业整合的目的，通过兼并重组，完成了各个公司的优势互补。苏州国际发展集团有限公司也根据苏州市政府的指导意见，努力打造苏州强大的金融体系以及发达的高新技术产业园。

由此可见，地方政府融资平台对政府引导区域内产业发展有着非常重要的作用，可以帮助地方经济完成产业转型，推动地方经济稳步、快速、健康的发展。

(4) 推进国有资产优化重组

随着国家经济的发展与改革开放的进一步延伸，为了维护我国的社会主义性质不变质，国有资产的保值与增值就显得尤为重要。国有资产保值增值是一项系统的工程。从整体上来看，要区分经营性资产与非经营性资产，也要区分营利性企业与非营利性企业，分别用不同的方式进行生产经营和资本运营，并且用不同的标准进行科学的绩效评价。只有这样，才能实现国有资产的保值增值。固定资产保值与增值之间既有联系又有区别，在这两者的关系中，保值是基础，增值是目标。为了实现保值的目的，就要坚决制止国有资产在经营管理过程中的流失。而国有资产流失的定义是指国有产权转为非国有产权或者国有资产闲置浪费，人为造成国有资产的非正常的损失以及国有产权应享受的收益转为企业和个人的利益等。地方政府融资平台的出现，给当地国有企业带来了新的希望。通过大量的优势资产互补，成立新的公司，形成强强联合；同时，对于经济效益差、国家不扶持的项目，通过挂牌打包出卖的方式，合理整合国有资产，让地方国资委下属的国有企业都有一个健康平稳的发展。地方政府融资平台的资产重组作用，使得各级地方政府集中优势资源，整合劣势资源，进而突出当地的经济特色，为国有资产优化重组与保值增值做出了应有的贡献。

1.3.2 地方政府融资平台的作用

一些地方政府的融资平台的确存在问题，但不能否定其积极作用。目前地方政府融资平台的问题是一个前进中和发展中的问题，需要靠投融资体制深化改革来推动解决，对此需要有清楚的认识。

(1) 开辟了新的地方政府融资渠道

地方政府融资平台在中国现阶段将继续存在，根据最近国务院文件（国办发〔2011〕45 号）和各方面情况来看，保障性住房和水利项目仍然要靠融资平台来推动。地方政府融资平台是政府投融资体制改革的一个创新，虽然当前部分政府存在债务率比较高的问题，但是从整个发展过程来看，其积极作用仍然很大，它弥补了基础设施投资资金来源渠道单一的缺陷，开辟了地方政府新的融资渠道。

（2）有效抑制地方政府的其他变相负债融资

地方政府融资平台可以有效抑制当地政府的其他变相负债融资，增加其显性负债。地方政府性债务起始于1979年，地方政府融资平台未创立前，全国所有省级政府、90.1%的市级政府和86.5%的县级政府通过其他渠道和方式举借债务。1988年投资改革就相应成立投资公司，即地方政府融资平台的前身。在1998年地方政府融资平台创立后，以地方政府融资平台为依托筹措资金，其他的变通、隐性甚至非法的融资方式得到了有效抑制。

（3）有利于推动准公益性和经营性政府投资项目的市场化运作

很多地方政府融资平台已发展成为相对独立的经济实体，如投资控股型公司，有力地推动相关项目的市场化、企业化规范运作，比政府直接负债运作更为有效。

（4）有助于夯实地方经济的中长期发展基础

地方政府融资平台70%以上的业务用于市政设施、交通、水利、土地开发（收储）和保障性住房等建设，形成大量优质资产，增强经济社会发展后劲，促进民生改善。近年来，国家不断地对政府融资平台进行清理和完善，这对融资平台本身的健康发展具有很大的促进作用。

第 2 章　地方政府融资平台研究的理论基础

2.1　凯恩斯政府干预理论

2.1.1　凯恩斯政府干预理论概述

凯恩斯（John Maynard Keynes，1883—1946）西方著名经济学家，20 世纪西方资本主义世界应付内外危机、实现国家和社会治理政策和思想传统根本转换的枢纽型人物。在 20 世纪 30 年代，凯恩斯发起了一场导致经济学研究范式和研究领域根本转变的革命（即著名的“凯恩斯革命”），他的主要著作有：《货币改革论》（1923）、《货币论》（1930）和《就业、利息与货币通论》（1936，以下简称《通论》）。凯恩斯认识到自由资本主义经济的内在不稳定性，认识到政府干预可以控制任性的资本主义的方向盘，使之重新回到通往繁荣的道路上。但是凯恩斯的政策主张可能意味着对传统资本主义价值观的某种侵蚀，经济自由可能因为国家干预而受到损害。凯恩斯指出，经济危机产生的根本原因是资本家对投资前景没有信心而减少投资所造成的。在经济政策主张上，凯恩斯认为，调节国民经济的责任必须由国家担负起来。在凯恩斯眼里，一国经济的兴衰全在于有效需求是否充分，而有效需求不足是由人们的消费心理和投资心理导致的。只有国家进行调节，引导人们增加消费和投资，才可能防止经济危机的爆发。

凯恩斯认为，造成资本主义经济生产过剩和大量失业问题的根本原因就在于资本主义社会的有效需求不足。凯恩斯用有效需求不足的理论代替了新古典经济学市场自动均衡的假定，注重制度因素和未来的不确定性对经济行为的影响，并得出失业和危机是不可避免的结论。凯恩斯的研究方法是一种总量分析方法，他忽略个体经济行为的差异（假定所有个体的经济行为都是一致的），从而总结出社会总体的经济准则，强调存在着这样或那样的经济规律，既然在总体上存在着经济规律，那么政府就可以从总体上采取一些措施，以实现一定的经济目标，这便是凯恩斯主义者主张要进行宏观调控的方法论基础。凯恩斯的《通论》无疑迎合了积极改变萧条局面的政府干涉哲学，凯恩斯通过三大心理定律（消费倾向、对资本资产未来收益的预期、流动性偏好），对经济体中的总体产出、总体价格水平、总需求等总体指标做了全面的分析，从而创立了宏观经济学，用有效需求理论开出了走出“总需求不足”困境的政府干预政策的药方。显然，凯恩斯的药方成了衰退经济中岌岌可危的政府的一根救命稻草，迅速统治了整个西方世界的政界和经济学界。

2.1.2 基于凯恩斯政府干预理论的地方政府投融资问题

凯恩斯政府干预理论是地方政府投融资依据的基础性理论。凯恩斯政府干预理论十分重视政府参与经济、发挥经济职能的宏观调控能力。同时，他强调政府在干预经济、进行宏观调控时要做好两个方面的工作：一是政府尽量不参与资源配置；二是如果政府参与了资源配置，也要以市场的手段来进行，避免行政手段的干预。他认为面对“市场失灵”的出现，各级政府应该充当市场经济的主体。在应对“市场失灵”的过程中，国家政府主要通过运用货币政策和财政政策的宏观调控来对经济社会进行需求管理。他强调国家实行干预以增加投资和消费，随后的凯恩斯主义经济学家则主张通过适当的货币政策和财政政策去调控商业周期，以稳定经济增长。可见，凯恩斯理论十分重视政府举债融资并进行公共投资在调控经济、促进增长中的关键作用，其理论体系及核心政策为世界各国政府融资奠定了牢固基础。

2.2 公共产品理论

公共产品理论是新政治经济学的一项基本理论，也是正确处理政府与市场关系、政府职能转变、构建公共财政收支、公共服务市场化的基础理论，更是合理调节政府管理与市场间关系的理论依据。

2.2.1 公共产品理论概述

公共产品理论是在19世纪80年代左右由马佐拉、马尔科、萨克斯等学者将边际效用价值论运用在财政学科研究中而形成的。公共产品理论的诞生证明了政府在市场经济运行中的合理性、互补性，为政府干预经济打下了理论基础。

作为瑞典学派的代表人物，威克塞尔和林达尔的研究为公共产品理论做出了重要贡献。在研究中，他们认为公共产品的供应是由社会中的个人经过讨价还价和协商进行的，通过构“W-L模型”，他们试图找出公共产品数量在民主社会中的合理水平，以及公共产品的成本（税收负担）如何在不同的人之间分摊问题。W-L模型描述的是公共产品提供的虚拟均衡过程。通过一系列的假设和证明，他们得出了W-L模型的均衡点，即林达尔均衡。林达尔均衡是一种纳什均衡，在均衡的实现过程中个人对公共产品的供给水平以及其成本分配进行着讨价还价并实现均衡，任何个体改变配置的试图都将使处境变坏。通过这一均衡的证明，他们认为公共产品的价格并不是由政治选择机制或强制性税收所决定，而是每个人选择的结果。处于均衡状态时，这些价格使得公共产品在市场上的供需达到了均衡，每个人的消费总量构成了公用产品的总产量，依据相应的价格进行供给正好构成了个人支付价格的总和。

萨缪尔森在1954年和1955年的相关著作中正式提出并定义了“公共产品”，对公共产品理论进行了更加深入的研究和发扬。他在《公共支出的纯粹理论》与《公共支出理论的图式探讨》中，按照产品或服务是否具有竞争性和排他性，将全部社会产品和服务分为私人产品、准公共产品和公共产品，从而使得“公共产品”第一次有了经济学意义上的经典定义：“每一个人对这种产品的消费并不会影响任何其他个人对这种产品的消费。”其与私人物品的区别主要表现在以下方面：首先，任何人对该公共物品的消费不会影响其他人对这种物品的消费，即非排他性；其次，公共物品在个人之间不可分割，消费者消费的是整个公共物品，即非竞争性；最后，公共物品的消费基本上可以不支付相关费用，即无偿性。而正是由于公共物品以上特性的存在，导致“搭便车”等问题的出现，使得价格机制在公共产品供给方面失灵。公共产品的提供既然不能来自市场，但是由于其在整个经济社会中存在的必要性，那么只能由政府保障此类物品的供给。

与公共产品相比，准公共产品是一类只具备消费上的非竞争性和受益上的非排他性两个属性中的某一种属性的产品。此类产品有以下两个特征：一是非竞争性和非排他性并存，在一定的规模内，使用者的增多会带来成本的下降，但是若超过这个范围，其非竞争性将会转化为竞争性，具有此类性质的产品大多为游泳池、桥梁等“俱乐部产品”；二是竞争性与非排他性并存，没有有效的手段来阻止此类准公共物品的消费，但是个人对产品的消费会影响其他人对产品的消费，此类产品如城市医疗、教育、自来水、电力等。

2.2.2 基于公共产品理论的地方政府投融资问题

根据以上研究可知，公共产品理论针对公共物品的特征，为研究政府如何通过公共产品的生产来弥补“市场失灵”以及如何合理划分政府与市场的关系来为推动经济社会健康发展提供了理论支撑。而地方问题的产生与地方政府职能和行为直接相关，因此也与公共产品理论密不可分。地方债务产生的一个直接原因就是为了解决地方政府在对区域内的公共基础设施等公共物品的提供的过程中出现的财政资金不足的问题。因此，地方债务的规模与公共物品的提供直接相关，从而使得公共产品理论为地方问题的有效解决打下了坚实的理论基础。

2.3 公共池塘理论

2.3.1 公共池塘理论概述

公共池塘资源（Common－Pool Resources，CPR）指的是“一个自然的或人造的资源系统，这个系统大得足以使排斥因使用资源而获取收益的潜在受益者的成本很高（但并不是不可能排除）”。此处的公共池塘资源指一个整体性的资源系统，是一种人们共同使用整个资源系统，但分别享用资源单位的公共资源。这种资源具有非排他性和非竞争性，它既不同于集非竞争性和非排他性于一身的纯粹的公共产品，也不同于一般的私人物品，同时也有别于具有排他性和非竞争性的准公共物品；它既追求存储尽可能多的流量单位，同时又尽最大努力地维持和改善其本身，以防止资源系统被破坏；它突出的特点是非排他性——很难把潜在受益者排除在使用公共池塘资源之外。由于这些资源为公众所拥有，所有人都想在别人受益之前尽可能多地使用这些资源，而没有动力去保护这些资源，所以导致此类资源的过度使用和过早枯竭。渔场、牧场、灌溉系统、地下水流域等都属于此类。造成公共池塘资源具有非排他性的原因有多种：其一，由公共池塘资源的自然属性所致；其二，排除潜在受益者的收益要低于相应的治理成本；其三，宪法、法律或地方性的法规对排除使用权的行为做了限制或禁止；其四，传统的道德规范或乡民习俗使得人们并未有意地排除其他受益者。美国著名行政学家、政治经济学家奥斯特罗姆正是在对这个问题的研究中提出了公共池塘资源理论。

奥斯特罗姆教授在模型中假设公共池塘资源是可再生资源，同时这种资源又是稀缺的，且其所面临的资源使用者能够相互伤害，不过参与者不会从外部来伤害其他人。该公共池塘有多种类型的占用者，如果某个占用者独立行动，他获得的净收益总和通常会低于他与其他占用者合作所获得的收益，甚至独立决策进行的资源占用活动可能摧毁公共池塘资源本身。因此，奥斯特罗姆教授认为："在最一般的层次，公共池塘资源占用者所面临的问题便转化为一个组织问题：如何把占用者独立行动的情形改变为占用者采用协调策略以获得较高收益或减少共同损失的情形。"通过资源占用者的自组织行为来解决公共池塘资源问题是较好的选择。

公共池塘资源中的主要占用问题是如何配置固定的、时间独立的资源单位量，以避免租金散失，减少不确定性和权力分配中的矛盾。租金指占用者从公共池塘资源获得的收益。太多的人被允许占用资源，占用者被允许的提取量超过了经济上最优的资源单位提取量，或占用者过度投资于占用设备都会造成租金散失。占用问题包括以有效而公平的方式来分配资源的产出。它包括占用外部效应、技术外部效应以及分配问题。占用外部效应产生于对某一资源系统过度提取，导致获取每单位产出的成本上升。在某一年的过度提取也会减少乃至破坏未来年份的资源可获取量。技术外部效应和分配问题包括资源用户获取时，相互间的物质干扰。在出现技术外部效应问题的情况下，占用者所使用的获取技术影响其他人的获取。在分配问题出现的情况下，资源用户争夺对产出最高地域的控制权。

公共池塘资源的供应问题是有关资源流量单位的最大存货以及资源高产出的问题。供应问题一般产生于公共池塘资源发展、维护和保护方面的投资不足。发展失败表明机会的丧失，资源未能提高到它们最高的产出水平。在物资设备和流量单位存货的维护方面投资不足会导致公共池塘资源产出或再生产能力的损害，以及资源现状的恶化。

资源流量单位在未得到充分保护、免除各种威胁而使其质量和价值消失的情况下，出现了退化的问题。供应问题可以发生在供给方、需求方或供给和需求双方。供给方问题是与资源本身的建设和保养联系在一起的，建设问题与任何基础设施的长期资本投资一样，保养问题则包括决定长期保持资源系统所需要的日常维护的类型和水平。建设和保养问题往往会出现占用者的“搭便车”行为。需求方面的供给问题，涉及规制公共池塘资源提取率，从而使公共池塘资源的占用活动不会对资源本身产生负面影响。

公共池塘资源所面临的问题古已有之，而且随着社会的发展还在不断出现新的问题，人们为了解决公共池塘资源问题，设计了很多政策方案，也产生了许多理论研究的成果，主要可以分为以下几种理论：市场理论、政府理论、自主组织和自主治理理论。至于如何实现公共池塘资源使用者有效的、成功的自觉行动，奥斯特罗姆教授的研究结果告诉我们，需要解决所面临的“新制度的供给问题”“可信承诺问题”和“相互监督问题”。她认为制度安排是重要的，某种制度安排能使人们不再单独行动，而是为达到一个均衡结果进行合作。应当使每个参与者都了解规则，而且也确信其他参与者了解规则，并且知道其本人已经了解规则。保证这些制度和规则得到长期有效的遵守，就必须解决“可信承诺问题”和“相互监督问题”。解决承诺问题需要外部强制，但如果一个自主组织群体要想在没有外部强制的情况下解决承诺问题，就需要相互监督。

2.3.2 基于公共池塘理论的地方政府投融资问题

“公共池塘”问题在财政上反映为各地政府都集中发展只对本地有利的项目，而竭力从全国的总的财政资源中获取更多的资源来发展本地区，属于逆向选择问题。财政分权加强了各地的自我发展意识，因此也加重了“公共池塘”问题。当中央政府使用全国集中的财政收入向地方政府转移时，地方政府只需较小成本就能获得较大的收益，并且知道债务违约时债权人更倾向于认为这是中央政府的责任，因此地方政府有强烈的借贷动机。在经济学原理中，“公共池塘”问题造成了地方政府试图利用与中央政府之间的信息不对称，采用逆向选择策略与中央政府博弈，以期扩大预算资源，将过度举债的成本向中央政府转移。这种地方政府与中央政府博弈的动机被我国公式化转移支付过小的制度缺陷强化了。公式化一般转移支付过小，会导致转移支付分配数量不确定。这时，地方政府会试图采用一些策略去扩大最终获得的转移支付资源。这些地方政府的策略包括：一方面，在确定匹配性转移支付数量时采用举债的方式满足中央政府匹配资金要求，以获得更多的中央政府匹配性转移支付公共资金；另一方面，地方政府也可通过举债方式夸大其财政不足，向中央政府表明需要更多具有较大处置权的一般转移支付资源，更加倾向于对经常性支出举债，以获得博弈优势，造成越是依赖于中央转移支付、财政自制能力较差的地方政府，越有过度举债的倾向，这是一种极端不合乎地方政府债务管理原则的现象。

2.4 财政分权理论

2.4.1 财政分权理论概述

计划和市场是两种资源配置的手段，市场在国民经济运行中起着基础性作用，但市场会存在着各种各样的“失灵”，例如垄断、外部效应、信息不对称、公共产品等。当出现“市场失灵”的时候，政府就要发挥宏观经济和社会管理的作用，弥补“市场失灵”。公共产品具有非竞争性和非排他性，所以由市场提供公共产品是低效或无效的，这就决定了公共产品主要应由政府提供。公共产品有覆盖全国范围的，也有限于某一地区的，前者被称为全国性公共产品，如国防、外交等；后者被称为地方性公共产品，如当地的基础设施等。全国性公共产品理应由中央政府提供，对于地方性公共产品，一些学者认为应由地方政府提供。斯蒂格利茨认为，地方公共产品是那些“相应于一个特殊地理位置，消费者只有在确定了位置之后才能进行消费的公共品”。因此，地方公共产品除了具有传统的非竞争性和非排他性之外，更特殊的是具有受益群体的区

有两个制度条件：其一，分税制后，地方政府有一定的财政剩余权，并且这项权力的大小和当地经济发展程度相关联；其二，单一制政府对各辖区政府官员个人及集体的考核必须采取可行的指标，公共品供给从理论上来说是唯一的指标。但在经济转型过程中，人均收入低下的约束导致公共品供给短缺，并且在老百姓的评价体系中权重较低。在政府和老百姓看来，只有大家都有钱了，才可能提高公共品的供给。所以，当地经济增长和财政收入必然成为最重要的考核指标，在这两个制度条件的约束下，地方政府官员个人及集体的利益和当地经济增长绩效是相一致的。

即使地方政府追求的辖区居民利益的最大化与地方政府官员个人及集体的利益最大化是相一致的，地方政府的行为是否维护了国家的整体利益还是未知，而国家这个委托人的整体利益能否实现，决定着区域经济能否协调发展，其实现程度决定着区域经济协调发展的程度；也不能把国家整体利益的实现隐含在代理人会自觉地加以实现之中，因为国家的整体利益与地方政府的利益、辖区居民的利益在一定条件下是存在某些冲突的。必须分析中国地方政府竞争的性质和效应（包括正效应和负效应），以便为在此基础上规范地方政府竞争行为，促进区域经济协调发展。

2.5.2 基于地方政府竞争与晋升理论的地方政府投融资问题

中国地方竞争从竞争内容上可分为制度竞争与非制度竞争，从竞争对象上可分为产品竞争和要素竞争，从竞争形式上可分为纵向竞争和横向竞争，实际上构成了地方政府间以追求辖区利益（包括地方政府官员个人及集体和辖区居民利益）最大化或利益（效用）集合最大化为目标的综合竞争。地方政府竞争是一种客观存在，地方政府竞争的正效应和负效应也都是一种客观现实，趋利避害的出路是完善制度架构。协调处理好代理人与两个委托人之间的利益关系，促进各地方政府走向竞合，即既竞争又合作或者说在竞争的基础上进行合作，既在软环境如制度、政策、管理体制及发展规划方面进行协调，又在硬环境如产业结构、基础设施、环境治理与保护方面进行协调，通过在这两方面进行有效的协调，建立起符合市场经济发展要求的、良好的地方政府竞争秩序，促进区域经济协调发展。

2.6 预算软约束理论

2.6.1 预算软约束理论概述

预算软约束是科尔内 Kornai（1980）在分析社会主义经济时所提出的一个概念，它描述的是社会主义经济中一个普遍存在的现象，即政府不能承诺不去解救亏损的国有企业，这些解救措施包括财政补贴、贷款支持等。预算软约束会带来很多经济问题，比如企业经理的道德风险、银行的呆坏账、财政风险等。政府干预导致的各种补贴，使严重亏损的国有企业仍然存在于市场中，带来市场生产效率的低下和整体经济的低迷，致使市场经济失衡。人们也越来越深刻地意识到硬化的预算约束，已经成为解决社会主义转轨经济中一系列问题的先决条件。

著名学者周雪光教授（2005）提出"逆向软预算约束"理论。他提出，与传统计划经济及其企业行为的"软预算约束"现象相似，在我国的经济转型时期，地方政府出现了"自上而下"地向所管辖区域中的下属组织和个人索取资源，动员预算外（特别是非政府部门）资源，以便突破已有预算约束的种种行为，这种预算约束软化的状况同传统模式描述的情形相似，但其发生作用的方向相反，所以他把这类组织行为称为"逆向软预算约束"现象。

政府预算对每个国家都是非常重要的，通过资金的预算和分配，从而影响国家经济的各个方面，对整个社会的资源进行宏观调控。政府部门必须依照法律规范进行财政预算，把各种预算内容列举清楚，由立法机关进行审核，审核通过后才具有相应的法律效应。政府预算一旦通过，就具备了法律效应，不得任意修改。

预算约束组织和预算支持组织是政府预算中涉及的两个主体。前者是指政府实际支出超出当初的预算，此时如果没有其他资金的援助就无法继续运转的政府组织及投资项目；后者是指当预算约束组织出现资金问题时，能提供预算约束组织资金的组织。当经济危机爆发时，本国可能出现入不敷出的情况，可能需要寻求国际援助。在亚洲经济危机爆发时，韩国就曾向国际寻求援助，最终从国际基金组织获得资金支持。在一个国家内，如果地方政府出现财政危机，入不敷出，中央政府也会提供某种帮助。当然，预算约束组织也可以求助各金融机构，甚至会向社会大众寻求资助。

2.6.2 基于预算软约束理论的地方政府投融资问题

我国法律规定地方政府不能破产是预算软约束形成的前提，而在财政体制设计上，我国的地方政府对中央政府存在较高的依赖性，过度依赖中央政府对其的转移支付力度。地方自治能力差的特征则是预算软约束形成的根本原因。从经济原理上看，预算软约束问题本质上是一个道德风险问题，在中央政府与地方政府约定转移支付数量后，地方政府明知预算数量，但由于财政不独立、预期中央政府兜底，以盲目扩大债务需求的方式突破预算限制，扩大预算资源。政府预算软约束的危害严重，对地方政府的不当行为产生了推波助澜的作用，而地方政府的不当行为会导致地方政府支出增加和地方政府债务规模扩大。

第3章 国外地方政府融资平台发展经验与启示

3.1 基于市场主导的美国地方政府投融资模式

美国地方政府投融资模式是指以美国为代表的西方发达资本主义国家的地方政府为了及时纠正市场失灵与偏差、促进社会经济正常发展，以“小政府、大市场”思想为指导，以基础设施建设和主导产业发展为导向，以发达的资本市场为依托，以适度干预市场为原则，以市场运作为手段，按照市场运行规律在资本市场上进行的政府资金筹措和投资活动。其主要特点是地方政府融资机构和其他市场金融机构拥有相同的市场地位。在世界经济危机充分暴露自由资本主义市场经济的局限性后，为了及时纠正市场“失灵”带来的严重社会经济后果，发挥政府对市场的纠偏作用机制，美国开始以凯恩斯财政理论为指导，逐步改变过去奉行的“小政府”立场，开始探索更加合理和切实可行的政府融资体制。在这种背景下，美国在20世纪30年代后期实施的“新政”中，设立了类似于我国政策性银行和政府融资平台的复兴金融公司，政府通过复兴金融公司在资本市场上的市场化运作和融资，强化自身扩大公共投资和扶持重要产业复苏的能力。

一般来说，地方政府融资大多以强化基础设施建设、促进主导产业发展、实施国家产业政策为目标取向，具有“投资期限较长、收益率较低、风险性较大”等特点，相应要求资金来源也应该具有“低成本、高稳定性”的双重特性。以美国为代表的市场主导型地方政府融资模式中发达的资本市场和低成本的资金来源是市场主导型政府融资体制发挥作用的关键。

3.1.1 美国地方政府融资模式的主要资金来源

从美国政府融资模式的实施实践过程来看，其资金主要来源于如下三个渠道。

（1）社会保险基金

在美国各种社会福利基金中，社会保险基金占据着重要的地位。政府通过征收社会保障税，形成规模巨大的社会保险基金，并将社会保险基金中的闲置部分用于政府公共投资，这既为美国政府融资提供了低成本资金来源，也使社会保险系统的闲置资金得到了有效利用。1995 年美国社会保障税已经高达 4844.7 亿元，占其 GDP 的比重高达 6.9%；2012 年美国社会保障税已经高达 13688.54 亿元，占其 GDP 的比重高达 8.22%。

（2）邮政储蓄吸纳的资金

邮政储蓄资金是美国政府融资的主要资金来源渠道，它具有成本较低和期限相对较长的特点。

（3）政府公债融资资金

在美国，国家公债规模十分巨大，资金成本相对较低，联邦政府和各级地方政府通过发行市政债券方式筹集的资金已经成为政府融资的重要来源。美国各级地方政府可以以地方财政担保或以所投资项目的未来现金流去质押发行信用等级较高、利率成本较低的债券，债券发行主体包括政府、政府授权机构等直接发行者，债券投资者主要包括银行、保险公司、基金和个人投资者等。政府公债融资资金特点包括：①税收减免。根据美国《1986 年税收改革法案》的规定，政府公债的税收待遇有三种情况：用于公共目的的债券，其利息收入免缴联邦所得税；用于私人投资的公共项目的债券需要缴联邦所得税，但可以免缴债券发行所在州的所得税和地方政府所得税；其他类型的政府公债，如住宅与学生贷款，也是免税的，但发行数量受到限制，而且利息收入被作为选择性最低税收的优先项目。目前绝大多数政府公债是用于公共目的的免税债券。②信用好。在美国，市政公债的信用等级只低于联邦政府债券，是一种准国债。随着保险公司的加入，政府公债的投资更加安全和可靠。但市政公债也有信用风险，例如，1975 年 2 月 25 日，纽约州城市开发公司拖欠了属于纽约市政债务的 1 亿美元票据。虽然纽约市政府后来取得1.4亿美元的银行循环贷款来挽救这一违约，但是这也证明政府公债也有信用风险。1979年10月生效的《联邦破产法》则使政府公债的发行人破产更加容易。1940—1994年，美国政府公债的违约概率仅为0.5%（见表3-1）。③税后收益率高。一般来说，债券信用等级与债券利率呈相反的变动关系，债券信用等级越高，债券利率就可以定得越低。同等条件下，美国联邦政府债券利率低于企业债券利率。虽然州和地方政府的信誉要低于联邦政府，但是由于政府公债享受了免税待遇，政府公债利率仍然要低于联邦政府债券利率，政府公债税后收益率高于联邦政府债券。由于免税特征，政府公债的收益率要低于同等级别的应税债券收益率。通常，市政债券收益率曲线向上倾斜。④与保险结合。美国政府公债的另一特色就是政府公债发行业务与债券保险相结合。如果债券发行者在债券到期时无力偿还债务，通过市政债券的保险，便能够保证债券到期时投资者获得所保债券的本息。

表3-1　1940—2014年美国财政年度末的国债数量及其占GDP比重

美国财政年度末	美国国债（亿美元）	占GDP的比重（%）	美国财政年度末	美国国债（亿美元）	占GDP的比重（%）
1940	43.0	54.2	2005	7933	64.6
1950	257.4	94.1	2007	9008	65.5
1960	290.2	56.1	2008	10024.7	69.6
1970	389.2	37.6	2009	11910	84.4
1980	930.2	33.3	2010	14580	100.3
1990	3233	55.9	2013	17750	106.8
2000	5674	58	2014	18601	103

3.1.2 美国地方政府投融资模式的运行机制

美国整个社会都非常崇尚市场机制这只"看不见的手"在社会经济发展中的基础性和决定性作用，然而，西方资本主义国家发展过程中经历的一系列周期性金融和经济危机表明，市场机制不是万能的，市场机制对社会经济的调节作用也有"失灵"的时候。因此，即使在市场经济体制比较成熟、金融体系比较健全的美国等西方资本主义国家和地区也存在着一定数量的政策性金融机构和政府融资机构，主要包括农业信贷机构、住宅贷款银行机构、进出口银行及小企业管理局等，这些机构通常不以营利为目的，其主要职责是：帮助无法从商业银行和其他农业信贷机构中得到贷款的农民发展生产、稳定农产品价格以保护农民利益；帮助缺乏偿还能力的公民取得购房资金并支持商业银行开展住宅信贷活动；为出口商提供优惠贷款以增强美国商品的竞争力；支持中小企业融资等。美国有43个州都制定了直接贷款制度，州政府及其所属的政策性金融机构和政府融资机构可以通过给予购买者一定比例的利息收入减税优惠政策、以较低利率发行“产业收入债”的方式，为特定的基础设施建设和主导产业发展项目筹集资金。

美国的政策性金融机构和政府融资机构大都遵循仅补充民间金融不足、不与民间金融竞争、不充当最后信用担保人角色的业务运作准则，其作用领域基本上都被限定在“市场失灵”的范围内，不仅不会对市场机制发挥作用产生负面影响，反而有助于及时纠正市场机制可能产生的偏差，在一定程度上强化了市场机制调节社会经济发展的正面效果。从资金来源来看，它们主要依靠金融市场筹集资金，对财政的依赖性比较低；从融资优惠条件看，主要通过在金融市场上发行债券筹集资金，而且在融资过程中一般都不会得到政府的特别优惠和关照（当然，当发生特别的资金困境时，它们也可以从政府得到一定的紧急借款援助）；从社会经济影响力来看，对产业结构的干预力度较小，仅仅是为了弥补和纠正市场机制缺陷，保护公平竞争；从与政府的关系来看，它们虽然是在特定领域和有限范围内从事信用活动而出资设立的融资主体，在建立之初由政府提供资本金的方式给予支持或者直接隶属于联邦政府和国会，经营业务活动因需要体现政府的政策意图而受到政府的严格控制和特殊指导，但随经济的不断发展和时间的不断推移，美国政策性金融机构和政府融资机构都在逐渐向民间金融机构与融资机构演变，拥有的自主决定权越来越大，与政府的联系呈现出逐渐松散的倾向。

3.1.3 美国地方政府债务的风险控制

（1）形成严格的法律约束

在美国，市政债券市场的运行有着严格的法律制度约束。这些制度约束在一定程度上保证了市政债券市场的良好运行，降低了市政债券发行过程中的信用风险。美国法律就市政债券机构的发行债权、发债规模以及资金的使用范围进行了明确的规定。美国法律明确规定，地方政府进行发债必须经过公众投票决定。只有通过公众投票之后，发债机构才能在法律规定的范围之内发行债券。对于发债规模，美国宪法和各州地方法令中均规定，政府必须遵循平衡预算规则，以约束地方政府的赤字行为，防范地方债券危机。对于资金使用范围，美国法律明确规定，地方政府不能将通过发行市政债券筹集的资金应用于弥补财政赤字、建设非基础性设施等其他方面。

（2）进行有效的信用评级约束

由于市政债券的多种多样，其信用水平也千差万别，因此，债券发行人的信用状况是投资者关注的一个重要信息。为防范地方政府债务风险，美国对公开发行的债券都进行信用评级。信用评级工作主要由穆迪、标普和惠誉三大评级公司来进行。这三家评级公司每隔一段时间会公布一次信用等级，反映每个市政债券的信用风险程度。通常认为，获得这三家评级机构最高信用等级的市政债券风险非常小。为了保证能以较低的成本发行债券、筹集资金、用于建设项目，各级政府都十分重视本级政府的债务管理，使自己的债务信用度能保持在较高的水平上。因此，它们都自觉对本级政府的债务进行严格的监测和管理，同时接受上述三家评级公司的评级，并将评级结果公布于众。

（3）建立完善的债券保险体系

市政债券的风险首先是信用风险。这一风险是对发债人能否及时足额偿还债务进行的衡量。在美国，市政债券的信用风险高于联邦政府债券，因此，建立市政债券保险对信用风险防范很有必要。美国市政债券保险始于20世纪70年代，这种保险是在债券发行人无力支付债券本息时，由保险公司承担偿付义务，包括到期应付的强制性偿债资金。这可以在一定程度上降低其违约风险。目前，美国已经成立十多家专业的市政债券保险公司及其行业性组织——金融担保保险协会。这些保险机构在市政债券市场的发行及发行后的各个环节都可提供保险服务。

（4）实行严格的债务规模控制

控制债务规模是美国市政债务的风险控制机制的重要组成部分。美国严控新债、稳定债务规模的控制主要指标有：负债率（年末债务余额/当年GDP）、债务率

(年末债务余额/当年财政收入)、资产负债率(年末债务余额/当年可动用资产价值)、偿债率(当年债务还本付息额/当年财政收入)等。根据美国宪法和相关法律的规定,美国实行相对较为严格的债务规模控制标准,例如负债率指标,《马斯特里赫特条约》的控制标准参考值为60%,而美国的负债率标准则一般为13%~16%;又如债务率指标,国际货币基金组织的控制标准参考值为90%~150%,而美国的债务率标准一般为90%~120%。

(5)构建防范欺诈的监管体系

美国证券交易委员会(SEC)根据《美国1933年证券法》和《美国1934年证券交易法》及其修正案,建立了一套针对防范市场欺诈行为的监管体系。一是确定了SEC对市政债券市场欺诈行为的执法权。根据《美国1933年证券法》中反欺诈条款的规定,任何人在发行、出售和购买任何证券时,不得对重要事实进行虚假和错误陈述,不得隐瞒重要事项,否则SEC有权对违反该条款的任何人和任何实体进行处罚,其中包括市政债券的发行人。二是建立了市政债券经纪交易商的注册登记制度和行业自律组织的监管。1975年,证券交易法修正案通过之后,市政债券经纪交易商必须在SEC登记注册;与此同时,正式成立了市政债券市场的行业自律组织——市政债券条例制定委员会(MSRB)。该组织负责制定有关经纪交易商的管理条例来防止欺诈和操纵行为的发生,提高交易的公平和公开性,保护投资者和公众的利益。

(6)建立合理的风险预警和偿债准备金制度

为防范市政债券危机发生,美国政府间关系咨询委员会(ACIR)建议,各州政府改善对地方财政健康状况的监测。其中,俄亥俄州较多地接受了ACIR的建议,并在此基础上发展起一个地方财政监测系统——财政监测计划。1979年,俄亥俄州通过《地方财政紧急状态法》,规定了实施财政监测计划的具体程序。为防止债券不能按时还本付息,美国地方政府还设立了合理的偿债准备金制度。偿债准备金的数额可能与每年所需偿付本息总额相等,也可能为每年还本付息总额的120%。随着债券逐渐被分期偿还,偿债准备金的相对规模也会减小。偿债准备金只限投资于低风险的联邦政府支持债券,并且所投资的债券期限不能长于偿债剩余期限。偿债准备金的存续期限不会比债券的期限长,且有时要求至少一半的准备金期限短于10年。

3.1.4 美国模式在英国的应用和创新

从总体上说，英国实行的政府融资模式可以归属为市场主导型政府融资模式的范畴，但是由于英国自1992年以来一直积极推进以私人融资优先权为核心的公共管理理念，鼓励私人资本参与甚至主导公共投资计划，尤其是工党政府自1997年上台执政后，又围绕私人融资优先权创新发展提出了公共投资的公私合伙制模式，该模式通过公私合作提高公共投资的专业化管理水平，吸引私人部门资本共担风险，拓宽公共融资渠道，延伸私人投资领域，确保公共投资项目的按时实施和成功完成。可见，英国在公共基础设施建设和主导产业发展过程中，更多依靠的是市场机制的力量来吸引民间私人资本参与投资建设和管理，政府在其中发挥的作用仅仅局限于制定和执行市场规则，规范各参与主体在公共基础建设和主导产业建设发展过程中的市场行为，并通过政府与私人资本合资经营产生的示范效应引导民间私人资本向公共基础设施建设和主导产业项目集聚。因此，英国政府融资模式的市场主导力量更强，政府对公共基础设施建设和主导产业发展项目的直接投资资金更少，作为市场主体直接参与公共基础设施建设和主导产业发展项目经营的力度更弱。

3.1.5 美国模式在新加坡的应用和创新

新加坡的政府融资任务主要由新加坡开发银行完成。新加坡开发银行由政府、民间机构和社会公众共同出资创建，其中社会公众持股15%，其他金融机构持股36%，政府持股49%，总资产高达数百亿新元。新加坡开发银行在成立之初的主要目标是为制造加工业提供长期金融服务，其在经营上以政策性贷款业务为主，兼营商业银行和投资银行业务。随着新加坡经济从制造业向服务业转型，新加坡开发银行的属性和目标也在不断转变，到20世纪80年代中期，新加坡开发银行已经逐渐转变为完全按照商业银行方式进行运作的商业银行和投资银行，实现了政策性金融机构向完全市场化主体的华丽转身。

3.2 基于政府主导的日本政府投融资模式

自20世纪40年代后期以来，日本一直以政府融资方式支持经济建设，形成了独具特色的政府主导型政府融资模式。日本的政府主导型政府融资模式是指日本政府为实现一定的财政政策和产业政策目标，以国家信用为后盾，将产业投资资金、邮政储蓄资金、养老保险资金以及政府担保借款资金等各种资金集中起来，由日本开发银行、公营企业金融公库、中小企业金融公库、中小企业信用保险公库、国民金融公库、农林渔业金融公库等政府金融机构按政策性、公共性、有偿性和诱导性相结合的原则，投资于诸如交通、城市建设、钢铁、煤炭、水利、电力、海运等民间资金难以承担的规模大、周期长的项目，以有效推进基础设施建设和主导产业发展的融资方式。

日本的政府主导型政府融资模式具有三个主要特点：一是政府通过国家信用方式筹集资金，由国家财政部门统一掌控和管理，并根据国民经济和社会发展规划，以出资（入股）或融资（贷款）的方式将资金投向急需发展的产业部门和企事业单位；二是政府融资机构可以享受各种相关政策的扶持，并按照政府的产业目标和政策目标在资本市场上从事不受市场规律影响的资金筹措活动；三是政府融资资金作为财政体系和银行体系之外单独设立的资金运行体系，在政府主导下实现了政策性与有偿性的高度统一。凡是国民经济整体发展必不可少，而又难以从私人金融机构取得贷款和融资资金的部门，都能够成为日本政府主导型政府融资资金的优惠贷款对象。有偿性表现在政府融资资金不同于一般财政预算，使用者需要到期还本付息，从资金来源到资金运用都采取有偿方式进行。

基础产业、新兴产业和公共设施等政策性和公益性较强的投资部门与项目大多具有风险大、收益低、资金回收周期长等特点，这显然是与资金运用要求获得本金和利息的逐利性相悖的，政策性和有偿性之间存在着天然的冲突，因此政府融资资金要实现政策性和有偿性的有机结合是很不容易的，必须建立起完善的特殊资金来源渠道和特殊资金管理体制。

3.2.1 日本模式的特殊资金来源渠道和管理

（1）资金运用部资金

资金运用部是隶属于日本大藏省的政府金融部门，主要承担政府融资资金的吸收和分配任务。资金运用部通过吸收邮政储蓄、厚生和国民等各种年金以及政府的各种特别账户资金，然后将这些资金融通给“二行十库”等政府金融机构以及地方公共团体等特殊法人主体从事基础设施建设与主导产业发展项目。日本资金运用部资金一直是政府融资资金的主体部分，约占政府融资总资金的80%。在资金运用部资金的运用方面，日本政府为了促进基础设施、基础产业和主导产业等有关国计民生的产业快速发展，用于对国家、地方及其他公共团体的贷款或购买国债和地方债；用于对电力资源开发股份有限公司等具有公益性的企业贷款或购买一定数量的公益性企业发行的债券等。

（2）简易保险资金

它是在简易生命保险和邮政年金特别账户结算中产生的剩余积累资金，其中的大部分表现为简易生命保险积累金。简易保险年金主要用于为简易生命保险，民间保险和具有竞争力的电力、煤气、铁路等产业提供贷款资金以及邮政年金的契约者提供契约贷款等，简易保险资金大部分都要列入政府财政融资计划内。

（3）产业投资特别账户

它的资金主要来源于国库收缴款、政府持股分红收入和一般性账户结转资金等。产业投资特别是账户在资金运用上不同于资金运用部资金和简易保险资金，后者只限于通过贷款和承购债券等方式为国家、地方、政策性金融机构、公共团体以及具有公益性的企业融资，而前者则兼营出资与贷款，在1955年以前主要对日本进出口银行、日本开发银行等进行投资或贷款，为重点产业的发展和贸易振兴提供所需资金。

（4）政府担保债券和政府担保借款

日本政府原则上不能为法人主体债务提供担保，但对与政府履职关系紧密、担负国家社会经济发展任务的特殊法人可以提供担保，因此，特殊法人每年可以在预算规定的范围内，发行一定数量的政府担保债券或者在政府担保下从民间金融机构借入一定数量的资金，由此形成了政府担保债券和政府担保借款。政府担保债券是以政府信用为后盾、以国营公共企事业单位和公共团体等特殊法人为发行主体、本金和利息由政府担保偿还、发行数额和发行条件等均由政府及银团共同商定而向社会公众与民间机构发行的债券；政府担保借款是国营公共企事业单位和公共团体等特殊法人主体借助于政府信用担保，在政府保证偿还本金和利息的条件下，通过政府融资机构与民间金融机构直接谈判而从民间金融机构筹集的长期资金。虽然两者资金来源大都是民间资金，但是所筹集的资金最终都需要政府承担最后还款人的角色，保证还本付息，它们在本质上属于政府融资范畴。

3.2.2 日本政府投融资模式的应用

日本政府通过资金运用部资金、简易保险资金、产业投资特别账户及政府担保债券和政府担保借款等各种渠道筹集的政府融资资金是日本在国家预算一般账户和特别账户之外建立的、具体由政府进行融资操作的、不受国家一般性预算收支约束的国家资金，具有很强的公共性，必须与国家财政金融政策、投资政策、产业政策保持一致，并按照国家财政金融政策、投资政策和产业政策和国家大政方针指导下进行投资活动。经过长期积累，日本政府融资资金规模已达到国家预算一般账户资金规模的41%左右，在一定程度上成为日本的第二国家预算。

从政府融资资金的分配来看，主要有以下四个方面：①国家。政府融资资金在国家层面的分配主要体现为购买国债和向中央政府特别账户项目提供贷款。1980年以来，财政融资资金一直是购买国债的大户，其10%以上的资金额都用于购买国债，对中央政府特别账户项目的贷款约占该资金额的20%以上，主要用于有一定收益、能够还本付息的准公益性项目。②地方。政府融资资金在地方层面的分配主要体现为直接购买地方债和为地方担保发行地方债，主要是用于建设交通、煤气和自来水工程等地方公共基础设施项目，该部分资金约占政府融资资金总额的20%。③国营企业。政府融资资金在国营企业层面的分配主要体现为帮助铁路、公路公团和住宅公团等具有公益性的企业团体筹措资金，分配给相关国营企业的财政融资资金约占20%，而且主要依靠项目建成后的收入还本付息。④政策性金融机构。政府融资资金在政策性金融机构层面的分配主要体现为帮助国家开发银行、进出口银行和各个金融公库等国家金融机构筹措投资的资金，其分配给政策性金融机构的份额约为40%。

3.2.3 日本政府投融资模式的主要机构

日本的政府融资活动主要由融资特别账户和具有法人地位的政策性金融机构完成。其中，政策性金融机构主要由日本进出口银行、日本开发银行、环境卫生金融金库、国民金融公库、冲绳振兴开发金融金库、农林渔业金融公库、公营企业金融公库、中小企业金融公库、北海道东北开发公库、住宅金融金库等“二行八库”组成。融资特别账户由邮政年金特别账户、资金运用部账户、产业投资特别账户、简易生命保险等构成。

3.2.4 日本地方政府债务的风险控制

（1）计划管理

日本对地方政府债务发行实行计划管理。第二次世界大战以后，日本中央政府（主要由大藏省和自治省）每年都编制地方政府债务计划，主要内容包括地方政府债务发行总额、用途、各种发行方式的发债额。地方政府债务计划只作为参考资料提交国会，不属于国会审决议对象，因此没有法律依据，无强制执行的效力。由于它是大藏大臣、自治大臣协商制定，并且规定了中央政府认购地方政府债务的规模及地方政府债务的具体用途，自治大臣在审批各地方政府的发债申请时，以该计划为依据，其意义也不容小觑。

（2）审批制度

日本对各地方政府举债实行严格的协议审批制度以控制债务规模。《地方自治法》第二百五十条规定：现阶段地方公共团体在地方政府债务的发行方式、利率、偿还方式等方面，必须获得自治大臣或都道府县知事的许可，其具体程序为：地方政府要求发行债券时，要事先向自治省申报，提出所要发展的建设项目、资金来源和需要发债的额度。自治省审查后，将各地的发债计划进行汇总，在同大藏省协商后，统一下达分地区的发债额度。如果发行公募债券，在得到地方议会及自治大臣的认可后，由大藏省、自治省、受托银行以及证券公司召开会议，联合决定每月发行总额及分地区发行额。自治大臣与大藏大臣审批地方政府借债的重点是确定当年不批准发债或限制发债的地方政府名单。确定依据一般有：①对于不按时偿还地方政府债务本金，或发现以前通过明显不符事实的申请获准发债的地方政府，不批准发债；②债务依存度（债务余额/一般财政支出）在20%～30%的地方政府不得发行基础设施建设债券，30%以上的地方政府不得发行一般事业债券；③严格限制有财政赤字的地方政府和出现亏损的公营企业发债等。

实行地方政府债务审批制度的目的在于：①防止地方政府债务膨胀，确保地方财政健康运行；②防止资金过分倾斜富裕地区，确保资金合理分配；③统一协调中央、地方政府及民间资金的供求关系等。

银行、进出口银行、住房银行、农业协同组合中央会等金融市场主体在内的，具有独立法人资格的政策性金融机构完成。韩国政策性金融机构的资本金全部由政府提供，投资资金主要通过政府基金、外国贷款和全国性投资基金等渠道筹集。随着韩国社会经济的不断发展和国际经济市场化进程的加快，承担政府融资职能的韩国政策性金融机构在资金筹集和运用方面也在逐渐向市场化转变，按照金融市场规律向外国借款和发行国内债券开始成为韩国政策性金融机构的主要资金来源，如韩国工业银行开始通过吸收公众存款等完全市场化的方式筹集资金；韩国政策性金融机构在向重化工业、基础设施建设以及中小企业等主要支持对象发放贷款时，虽然需要政府给予必要的补贴，但其运作过程和操作方法仍然是在政府主导下进行的，具有很浓厚的市场色彩。在此模式中，虽然韩国政府介入了政策性金融机构的实际操作过程，参与了投资项目的选择和决策，但是政府介入方式大多是按市场规律要求进行的，市场机制仍然在其中发挥了非常重要的作用。

3.3.3 韩国政府投融资风险的管理

因为韩国的财政投融资是银行和财政预算之外的第三大资金渠道，所以其运用效果的好坏，会对货币政策和财政政策的协调配合产生影响，进而对国民经济发展具有很大的影响。因此，韩国政府非常重视加强财政投融资的管理。目前，韩国着重于计划管理和立法管理。

（1）计划管理

韩国对财政投融资的计划管理是由经济企划院通过每年编制“财政投融资计划”来实施的。该计划和每年的财政预算编制并行，被称为“第二预算”。韩国的“财政投融资计划”包括三个部分：一是“财政资金计划”、二是“财政原值计划”、三是“财政投融资用途计划”。韩国经济企划院编制“财政投融资计划”的目的在于组织各项资金来源，并根据各项政策目标和资金来源状况，确定各项资金运用的数额与比例，确保财政投融资的合理使用。经济企划院在编制“财政投融资计划”过程中，就各项国家事业对财政投融资资金进行统一考虑。各主管部门、道、郡和地方团体向经济企划院提出对财政投融资的要求。经济企划院在与财政部和融资事业部反复协调磋商的基础上，提出“财政投融资计划”，利用该计划来指导财政投融资资金的规模、结构、投向及回收等关键环节。按照韩国有关法律规定，经济企划院编制的“财政投融资计划”全部纳入预算，并必须提交国会审议、批准后方能生效，从而使该计划的实际执行情况受到立法机关的约束和监督。

（2）立法管理

韩国为了确保财政投融资的正常运作、规范财政投融资活动中的主要关系，依据各国财政投融资法规及国际惯例，并从本国国情出发，先后制定和颁布了一系列有关财政投融资管理的法律、法规，如《财政投融资法》《财政投融资特别会计条例》《政府基金管理法》等，明文规定财政投融资的筹集、使用、机构设置、业务范围、经营方式、资金的监督、回收等全过程，借助于法规保证财政投融资资金的投向、收费标准、贷款程序、经营方式、监督管理等符合政府的意图，同时对挪用资金或任意提高利率标准的行为予以追究法律责任，将财政投融资管理纳入法制轨道。韩国的财政投融资法规还规定，财政投融资的使用必须贯彻三项原则：①确保偿还原则，即无论通过什么途径使用财政投融资资金，都必须偿还本金和利息；②适应社会经济发展形势原则，即各年度的财政投融资计划的制定要充分考虑经济发展形势，资金的筹集和使用都要与国家的经济调节方针一致；③合理配置资源原则，即财政投融资的运作要有利于社会资源合理配置。韩国财政投融资立法周全，保证了依法管理的操作性，有效地促进了该国经济的发展。可以说，数十年的实践已证明韩国对财政投融资的立法管理还是有成效的。

3.4 基于事权分离的澳大利亚政府投融资模式

3.4.1 澳大利亚地方政府融资模式的资金来源与运行

（1）分税制导致财力结构纵向不均衡

为加强政府投资范围内的公共工程及基础设施建设，澳大利亚在三级政府（联邦、州与地方）之间划分财权，实行分税制，但联邦政府在整个公共部门的财力分配中居于强有力的主导地位，形成“资金向下流动格局”。与此同时，政府充分发挥地方财政信用作用，并以信托投资的方式加强公共及基础设施建设。

澳大利亚各级政府的收支对比是：联邦政府收大于支，州与地方政府支大于收。澳大利亚联邦政府筹集的财政收入占三级政府财政总收入的70%，州与地方加在一起不足30%。联邦政府用于联邦级的支出则不到三级财政总支出的一半，剩余财力用于自上而下对州政府的补助拨款。这种状况被称为财力结构的“纵向不均衡”。澳大利亚联邦政府之所以能在财政总收入中掌握如此高的份额，主要是握有所得税种征收的专享权。

联邦政府对所有的州级政府实行补助。联邦政府通过自上而下的补助形式，调节各州间公共工程及基础设施资金需求的不均衡。近年来，州级的财力约有一半来自联邦的补助拨款，地方政府的财力约有1/4来自联邦和州的补助拨款。这种自上而下的补助主要采取两种形式：一种是一般性补助，即没有指定用途或附带条件的拨款，州和地方可以决定其使用方向；另一种是特殊目的的补助，即由联邦指定用途的“戴帽”补助拨款，只能用于某一特殊目的或项目，州和地方不能挪作他用。特定目的的公共服务项目，由联邦定项目，出资金，交给各州去办。这对于保证联邦贯彻自己的结构性和全局性调节意义重大。一般性补助则没有直接宏观调节的色彩，但在调节地区间差异方面发挥了主要作用。

除特殊目的拨款外，联邦政府还向各州政府发放贷款，贷款对象是各州的公共部门，不包括私人部门。这为各州政府参与公路、铁路、电力等公用、基础设施建设提供了便利。贷款的发放由贷款理事会按照优惠的方式提供。当然特殊拨款和优惠贷款会导致各州对联邦政府的依赖而增加它的负担。依赖联邦政府贷款，必然会使各州忽视利用货币、资本市场。

（2）地方财政信用公司的兴起

联邦政府长期在财政投融资体制中居主导地位，有利于妥善调节地区差异，维护经济与政治稳定，但它也存在一些弊端，如联邦财力过于集中，压抑了州与地方的积极性；各州及地方政府争相获得补助拨款，使联邦政府的负担过重。

为改变这种局面，澳大利亚开始大力发展地方财政信用。各州纷纷建立财政信用公司，并对其进行严格的高度专业化管理，政府部门凭借信用优势以较低成本筹资，以优质服务吸引受信对象，实现高效率融资。各州财政信用公司还积极参加国际金融市场活动，扩展资金渠道，以多种融资形式筹集资金。另外，财政信用公司还以信托形式代理财政部门控制公有财产，代理财政部门管理电力、供水和交通运输等公营部门的资产损益，监督企业运行，从而达到明确公营企业经济责任和权利的目的，并对它们进行委托与信托投资。这样的做法既使公营企业得到资金供应方面的一定优势，又加强了公营与私营企业之间的竞争。

(3) 公共部门通过融资开始进入市场化阶段

近年来，澳大利亚公共部门的投资约占 GDP 的 6%，资金缺口较大。因此，利用政府信誉在国内外资本市场上融资，以弥补财政收入的不足，已成为澳大利亚政府的重要筹资工具。

澳大利亚政府设有专门的贷款委员会，以确定政府在资本市场上的融资量。贷款委员会由总理、财政部长、国库部长等主要内阁成员和各州财政首长组成。每年该委员会根据经济形势，决定政府部门在债务方面的主要政策和数量界限。这种公共部门借款的总量和定额控制成为澳大利亚宏观经济调控的重要工具。

澳大利亚有 4 个独立的债券市场：联邦债券市场、“半政府（州政府）债券”市场、公司债券市场、指数化债券市场。目前，联邦和州政府债券发行量约占全澳债券发行量的 77%。政府债券以拍卖方式发售，以降低筹资成本。澳大利亚政府实行从紧的财政政策，严格规范各级政府的市场融资活动，这使政府债务余额占 GDP 的比重保持在 40%左右的水平。出卖政府企业资产是澳大利亚实行私有化政策的重要内容，也是澳政府开辟的面向市场筹措建设资金的新渠道。近十几年来，澳大利亚政府运用转让公有企业股权的方式鼓励其他投资者向公共部门和基础设施项目投资。

3.4.2 澳大利亚地方政府债务的风险控制

为了应对地方政府债务的风险，澳大利亚逐步形成以预算管理、规模控制、信用评级、透明度要求等为内容的风险管理基本框架。

(1) 预算管理

建立了较为完善的地方政府债务预算管理体系。联邦政府和州政府需向贷款委员会陈述下一财政年度的净融资需求。贷款委员会审查联邦政府和各州政府的提议，分析各级政府的财政状况、合理的基础设施建设需求及其对国家宏观经济的影响。如果为符合国家宏观经济调控目标的要求，需进行债务预算调整，委员会将内部商定此类调整的性质及其在各政府中的债务分配情况。

（2）规模控制

贷款委员会为限制地方政府债务规模，采取了以下措施：①规定各地呈报贷款申请，贷款申请必须包括以下内容：一般政府、非金融公共部门的现金赤字（盈余）、为政策目的进行的金融资产投资净现金流量；②设立规模控制线，由贷款委员会分配的贷款额度与预算报告中的贷款额度之间的差额，以及本年度贷款实际发生额与预算报告中的贷款额之间的差额，均不得超过本级政府非金融公共部门收入的2%。若突破此限制，地方政府需向贷款委员会做出必要解释，并将其公开。在向贷款委员会呈报的贷款计划中，州和自治地区必须提供风险信息，且在其预算中反映贷款委员会所批准的贷款分配情况。地方政府需要报告有私营部门介入、运营期在10年以上（包括10年）、项目总负债大于500万澳元的基础设施建设项目中的政府到期债务情况。在基础设施建设领域构建良性的公私合作伙伴关系，并在综合考虑风险和绩效的基础上，对基础设施项目贷款融资实行分类管理。

（3）信用评级

当前，澳大利亚对地方政府贷款融资的监督管理，很大程度上取决于金融市场信用评级制度。标准普尔等国际知名信用评级机构为各级政府提供客观、公正和公平的信用评级服务，从而有助于确定各级政府贷款的利率水平。一般情况下，债务余额越少，信用等级越高，可以以较低成本筹集资金；相反，信用等级越低，则可能承担越高成本，且筹资数额受限。良好的信用等级将会为基础设施建设融资提供强大的信用保证。当然，市场规则也存在局限性：对于那些财政状况不佳的地方政府来说，在纯粹的市场规则下，其贷款融资成本相对较高，甚至难以筹集所需贷款。这就需要联邦政府的支持与协调，以弥补市场规则的不足。

（4）透明度要求

公开包括债务在内的政府财政状况已成为世界范围内进行财政风险管理的一种趋势。澳大利亚建立了较为完整的地方政府债务报告制度，地方政府必须将贷款委员会批准的贷款分配及其调整情况真实完整地反映在地方政府预算报告中。报告方式遵循澳大利亚会计标准体系和政府财务标准体系共同框架确定的原则。澳大利亚州政府要求地方政府除了报告直接债务外，还需要披露或有负债。以维多利亚州为例，该州要求州国库局在其向议会和公众提交的年度与半年度预算审议草案中包括有关风险的报告。此报告必须详细解释影响州财政状况的主要因素。各州政府还需定期向贷款委员会提交筹资战略与平衡规划，并由贷款委员会进行审查和综合平衡。如果需要进行调整，州政府将与贷款委员会进行谈判协商，在达成原则一致的基础上，并在各方可接受的限度内，允许各州拥有一定的灵活性。此外，各州还要将贷款融资及其使用情况，按照贷款委员会确定的统一要求，严格进行季度报告和年度报告等。

3.5 基于跨国区域联盟的欧盟政府投融资模式

欧洲投资银行是欧洲一体化进程中设立的欧洲最大的政策性金融机构，其承担了欧洲作为一个整体的政府融资任务。欧洲投资银行的资金来源主要有三个渠道：各成员国政府认缴的股本金；通过发行债券在欧共体内外金融市场上筹集的资金；各个成员国提供的特别贷款资金。

欧洲投资银行的主要投资对象是欧盟成员国内部不发达地区公共部门和私人部门从事的有关欧盟区域发展、中小企业成长、环境工程、交通、通信、能源、城市开发、研发与创新、教育培训等的项目，以及与欧盟签署合作协议的140多个国家和地区的相关项目。例如，欧洲投资银行在2011年共发放了大约600亿欧元的贷款，其中，向中小企业贷款130亿欧元，向降低碳排放及应对气候变化的项目贷款180亿欧元，向研发、创新和教育类项目贷款100亿欧元，向其他项目贷款190亿欧元。欧洲投资银行的主要业务包括对内和对外两个部分：

第一，对欧盟内部而言。一是通过低息或无息贷款为欧盟公共机构和私营企业的项目提供期限可达20年的低成本普通贷款资金，对欧共体国家和地区的工业发展、能源开发、公共基础设施建设、老企业改造等促进地区平衡发展的投资项目提供贷款或贷款担保，以支持欧盟落后地区的发展和产业转轨，促进欧盟成员国内交通、通信和能源等产业快速发展；二是在欧盟利率补贴的支持下，利用设立的专项资金，通过“综合贷款”形式间接地为中小企业投资筹措资金；三是受欧共体其他组织机构的委托，通过发行债券在资本市场上代为筹集和管理资金；四是对欧洲投资基金进行投资，欧洲投资银行大约占有欧洲投资基金40%的捐赠资本。

第二，对欧盟外部而言。一是为欧共体代管援助非洲地区等发展中国家和欠发达国家发展地方工业的风险资金，并向上述地区工业、农业、能源和旅游部门提供长期限（30 年～40 年）、低利息（1.0％～4.5％）的特别优惠贷款；二是根据欧盟与第三国签订的发展援助或合作计划，对欧盟以外的国家和地区，特别是同欧盟保持较密切联系的非洲国家及其他发展中国家和地区的项目提供较低利息或不计利息的优惠贷款与特别贷款。欧洲投资银行在 2011 年年底的贷款余额高达 3950 亿欧元，相当于其他多边金融机构的贷款总和。

3.6 国外地方政府融资模式的启示和借鉴

综合上述分析，世界各国和地区因发展历史背景、市场和制度环境、社会经济发展水平等不同而实施了市场主导型、政府主导型、市场主导和政府督办型及跨国区域联盟型等不同类型的政府融资模式，并根据不同类型政府融资模式产生了相应的政府融资机构。世界各国和地区的政府融资实践对我国地方政府融资平台的建设和发展具有重要借鉴意义和参考价值，其体现在以下几个方面：

第一，世界各个国家在设立政府融资机构和跨国区域联盟政府融资机构的过程中，都制定专门法律法规对政府融资机构的设立目的、职责职能、经营范围、运作方式、资金来源、资金管理、资金运用与投向等内容做出明确规定。

第二，世界各国政府融资机构大多由政府全资所有或绝对控股，跨国区域联盟政府融资机构大多由联盟成员国政府共同出资组建和合资经营，组建政府融资机构所需的资金大多在国家或国家联盟财政预算中列支。世界各国政府和政府联盟为政府融资机构正常运营提供资金、税收、担保、补助等方面的优惠政策措施，以降低政府融资机构的资金成本。

第三，政府融资机构大多由国家政府或区域政府联盟直接控制和管理，而国家中央银行或区域跨国中央银行（如欧洲中央银行等）除了需要对所在国家或地区的政府融资机构的相关金融业务活动进行监督外，并不承担对所在国家或地区的政府融资机构的直接管理职能。

第四，政府融资机构作为国家或国家联盟进行宏观调控、优化资源配置、促进国家和地区平衡发展的重要工具，其经营目标不是单纯的营利，而是通过为国家和地区基础设施建设与主导产业发展项目提供长期或超长期低息贷款资金，推动国家和地区产业政策的实施与社会经济的发展。同时，政府融资机构的融资资金成本虽然比较低，但为了维持可持续发展，其资金也是不能无偿使用的，必须在保证其公益性目标得到完全实现的情况下，最大限度地满足安全性要求，并获得合理、适度的投资收益。从世界各国实践情况来看，政府融资机构大多借助行业协会和生产合作组织的力量，并通过相关机构和企事业单位担保来保证其贷款资金的安全性要求。

第五，政府融资机构的业务范围十分广泛，只要是纯经营性市场主体与纯商业性金融机构不愿涉足而国家又鼓励发展的领域，包括欠发达地区社会经济发展项目、基础设施建设项目、中小企业发展项目、进出口融资项目、农林渔业项目、高风险技术开发项目、保障住房建设项目、主导产业发展项目等众多不同领域的项目在内，都可以纳入政府融资机构的业务范围，而且政府融资机构的业务领域和支持重点还将随着国家和地区社会经济发展阶段、产业政策的变化而不断调整变化。

第六，以日本和韩国为代表的政府融资机构大多由政府全资组建设立、独家所有并直接进行严格控制和管理的。该类政府融资机构在政府信用、财力和行政权力的强力后盾支持下，能够筹集到巨额低成本资金，进而能够以较低贷款利率对国家及其各级政府重点扶持的基础设施建设项目和主导产业发展项目提供低成本资金支持，在一定程度上成了政府调控经济和实施产业政策的重要工具。

第七，以美国、英国、新加坡、菲律宾及欧洲等国家和地区为代表的政府融资机构大多是国家和私人共同所有或民营化的，政府对融资机构的控制和管理也是比较宽松的。该类政府融资机构的建立、发展及转型与所在国家和地区的社会经济发展阶段紧密相关，并呈现出渐进演变的过程。在所在国家和地区社会经济发展的初级阶段，由于纯经营性市场主体与纯商业性金融机构既不愿意也没有能力为国家重点扶持的公共基础设施建设项目和主导产业发展项目提供大量低成本长期资金，难以满足所在国家和地区社会经济平衡、快速发展的资金需求，所以需要所在国家政府利用自身较高的信用水平和强大的财政能力直接参与政府融资机构的建立、管理、筹资与投资过程。在所在国家和地区的社会经济发展到一定阶段和水平后，市场机制在社会经济资源配置中的基础性作用与决定性作用开始逐渐显现和加强，政府融资机构在社会经济发展中的作用开始逐渐减弱，政府让位于市场成为必然，国家需要按照市场原则配置社会经济资源，经营性市场主体与商业性金融机构开始进入公共基础设施建设和主导产业发展等领域，政府融资机构的职能职责、经营体制和业务范围也就随之发生了变化，在股权或所有权方面，逐步由国家所有向国家与私人共同所有或完全民营化过渡；在政府与政府融资机构的关系上，逐步由政府主导向政府融资机构自主经营、政府只起指导性作用过渡；在资金来源上逐步由直接向政府借款或通过政府担保借款向以市场化手段从金融市场筹集资金过渡；在经营性质上，逐步由政策性业务向经营性、商业性业务过渡等。

第 4 章　我国地方政府融资平台的演变历程及现状分析

地方政府融资平台的产生与发展是我国特定历史背景和经济环境下的产物，带有明显的国家政策烙印。1994 年分税制改革、1998 年亚洲金融危机以及 2008 年世界金融危机，促使地方政府融资平台不断得到发展壮大，而 2010 年国务院出台政策对融资平台进行规范治理，标志着地方政府融资平台发展到了一个新阶段。结合我国财政体制和投融资体制改革的进程，本书将地方政府融资平台划分为萌芽、初创、推广、爆发和清理整顿后的规范发展等五个阶段。

4.1　我国地方政府融资平台的演变历程

4.1.1　分税制改革前的萌芽阶段（1978—1994）

我国地方政府融资平台的萌芽源自改革开放的实行。随着改革开放的政策带动，在计划经济体制下，"财政无偿拨款、建设单位无偿使用"的管理模式逐步退出历史舞台，并被银行贷款有偿使用原则所替代。从 1979 年开始，我国开始在小范围内实行基本建设"拨改贷"制度；到 1981 年，凡是实行独立核算且有还款能力的企业，都逐步开始实行基本建设"拨改贷"制度。

1988 年 7 月，《国务院关于印发投资管理体制近期改革方案的通知》（国发〔1988〕45 号）提出重大长期建设投资实行分层次管理、让企业成为投资主体、成立专业投资公司进行固定资产投资开发和经营等要求，地方政府融资平台的雏形开始出现。中央一级成立了能源、交通、原材料、机电轻纺、农业、林业六大专业投资公司，由它们代表国家投资所有的基本建设项目。随后，一些地方政府也相继组建了建设投资公司或国有资产管理公司。

1992 年，邓小平同志南方谈话为投融资体制改革提供了一次重要契机。随后召开的中共十四大则确立了以建立社会主义市场经济体制为我国经济体制改革的目标，提出要使市场在国家宏观调控下对资源配置起基础性作用。

1993 年，中共十四届三中全会通过的《中共中央关于建立社会主义市场经济体制若干问题的决定》设计出社会主义市场经济体制改革的总体思路，提出了深化投融资体制改革的主要方向和基本内容，把项目建设划分为竞争性、基础性和社会公益性三类，并根据各自特点进行资金筹集和安排。

在投融资体制改革不断带动下，地方政府融资平台出现萌芽。20 世纪 80 年代初，广东开始推行“贷款修路、收费还贷”政策，地方政府集资贷款建桥修路，利用道路通行车辆收费偿还贷款。这种通过借贷来进行基础设施建设的模式，逐渐成为地方政府融资平台的前身。1987 年，定位于政府投融资主体的上海久事公司成立，以平台公司的名义向国内外金融机构贷款，支持城市基础设施建设，这是上海乃至我国最早的综合性政府融资平台公司。上海久事公司虽然是政府投融资体制改革的产物，却反过来推动了城市基础设施建设投融资策略的改变，更多的地方政府开始转向市场，利用市场化机制为城市建设与发展筹集资金。

4.1.2 分税制改革后的初创阶段（1994—1997）

1994 年，分税制改革的推行，使地方政府融资平台正式开始创建并发展。分税制改革明确了中央政府和地方政府之间的财权和事权，也明确地方政府在城市基础设施建设中的责任。但是，由于财权不断上移而事权不断下移，地方政府财政收支不平衡，融资压力猛增。一旦中央转移支付资金难以弥补支出缺口，地方政府必须自行解决。

1994 年，在《中华人民共和国预算法》中第二十八条规定：“地方各级预算按照量入为出、收支平衡的原则编制，不列赤字。除法律和国务院另有规定外，地方政府不得发行地方政府债券。”1997 年，国务院下发《关于投资体制近期改革方案》提出进一步推进城市基础设施的投资、建设、运营政企分开、市场化运作和多渠道筹集城市建设资金。为了应对支出压力和法律规定，地方政府不得不发展融资平台公司作为筹集资金的工具。

初创阶段的地方政府融资平台主要以商业银行贷款为主，政府融资目的主要是为了城市基础设施建设。从总量角度看，这一时期地方政府融资平台的总量并不大，发挥的作用也不明显。但是，各地方政府在基础设施建设中的经验，却为后来政府融资平台的快速发展奠定了坚实的基础。

4.1.3 亚洲金融危机后的推广阶段（1997—2008）

1997年下半年，亚洲金融危机爆发，给全球经济带来了巨大冲击，我国经济发展也受到严重影响。为了鼓励地方政府加大投资，拉动经济增长，中央采取了积极的财政政策，通过扩大财政投入刺激经济发展。其中，基础设施建设是重要内容之一。统计资料显示，1998—2001年，我国共发行长期建设国债和特种国债5100亿元，安排国债项目8600余项，投资总规模2.6万亿元，重点投向城市供水、污水处理、堤防、公路、铁路等基础设施建设领域。

在积极财政政策的引导下，地方政府融资平台建设大量出现。1998年，国家开发银行在安徽芜湖试点，由地方政府组建城投公司等融资平台，以财政出具的还款承诺作为偿债保证，将若干基础设施建设项目打包，统一向银行贷款，获得银行贷款的项目则实行市场化运作，从而开创了“银政合作”模式，在此之后各商业银行也开始逐步涉足。

从2001年开始，对于不需要国家投资的城市基础设施、农林水利、社会事业项目、房地产开发、商贸设施等五大类投资项目，投资总额在2亿元以下的，不必报中央审批，改为“谁投资、谁决策、谁受益、谁承担风险”的原则，地方政府出资的由地方政府审批。地方政府的投资权限得到进一步扩大。此后，国务院在2004年下发了《国务院关于深化改革严格土地管理的决定》（国发〔2004〕28号），2006年分别下发《国务院关于加强土地调控有关问题的通知》（国发〔2006〕31号）和《国务院办公厅关于规范国有土地使用权出让收支管理的通知》（国办发〔2006〕100号），提出对经营性用地实行招标、拍卖、挂牌等方式出让制度，推进土地资源的市场化配置。这些文件精神有力地推动了地方政府融资平台的不断发展。

2004年7月，针对投融资体制中存在的大量问题以及市场配置资源的基础性作用尚未得到充分发挥等问题，国务院颁布《国务院关于投资体制改革的决定》（国发〔2004〕20号），要求转变政府管理职能，完善政府投资体制，规范政府投资行为。2006年4月，中央各部委又发文叫停“银政合作”模式，并提出要禁止地方政府对《中华人民共和国担保法》规定之外的贷款和其他债务提供任何形式的担保或变相担保，并整顿和规范银行各类打捆贷款，防范贷款项目的信用风险和法律风险。这一通知对于地方政府融资平台的盲目扩张起到了一定程度的限制作用。

总体来看，在1998—2003年的政策扩张周期中，虽然中央发行长期建设国债转贷给地方使用，也在尝试探索发展地方融资平台，但是总体而言，还没有关于推进投融资体制改革和创新地方融资平台的具体内容。从规模上看，财政部调研报告指出2004年城投公司债务约占城市总负债额的48.6%，全国地级及以上城投公司负债总额为5248亿～5832亿元。在抽样调查的城投公司中，51.7%的城投公司资产负债率超过60%警戒线；仅15%的城投公司资产负债率低于30%。因此，这一阶段的地方政府融资平台虽然发展尚不充分，但债务风险已经有所显现。

4.1.4 次贷危机后的爆发阶段（2008—2010）

2008年下半年，随着美国次贷危机引发全球金融危机，我国开始通过财政政策和货币政策的调整来积极应对，启动了4万亿元经济刺激计划。为配合经济刺激计划，中央各部委出台政策，降低项目资本金要求。2009年3月，中国人民银行和银监会联合发布了《关于进一步加强信贷结构调整促进国民经济平稳较快发展的指导意见》（银发〔2009〕92号）要求“设立合规的政府融资平台等多种方式，吸引和激励银行业金融机构加大对中央投资项目的信贷支持力度”；“支持有条件的地方政府组建投融资平台”。这些指导意见促使地方政府组建融资平台的热情空前高涨。

至2009年年末，地方政府融资平台贷款余额为7.38万亿元，同比增长70.4%，占一般贷款余额的20.4%，全年新增贷款3.05万亿元，占全部新增一般贷款的34.5%。根据中国人民银行发布的《2010年中国区域金融运行报告》，截至2010年年末，全国共有地方政府融资平台1万余家，较2008年年末增长25%以上，其中，县级（含县级市）平台约占70%，融资平台贷款在人民币各项贷款中占比不超过30%，国有商业银行和政策性银行成为贷款的供给主力。

4.1.5 清理整顿后的规范发展阶段（2010年至今）

在这一阶段，国家已经意识到地方政府融资平台的风险问题。2010年1月，国务院会议要求“尽快制定规范地方融资平台的措施，防范潜在财政风险”，同时《国务院关于加强地方政府融资平台公司管理有关问题的通知》（国发〔2010〕19号）指出了“举债融资规模迅速膨胀、运作不够规范、地方政府违规或变相提供担保、部分银行业金融机构对融资平台公司信贷管理缺失等”一些地方政府融资平台发展中存在的问题，要求地方各级政府对融资平台公司债务进行全面清理和规范。

此后，国家发改委等四部委相关机构多次下发指导意见，对地方政府融资平台进行整顿，规范对融资平台的注资和担保行为，防止政府债务风险向社会公众扩散。2011年3月，《中国银监会关于切实做好2011年地方政府融资平台贷款风险监管工作的通知》（银监发〔2011〕34号）提出要严格加强新增平台贷款管理，并全面推进存量平台贷款整改工作。2012年3月，《关于加强2012年地方政府融资平台贷款风险监管的指导意见》（银监发〔2012〕12号）要求及时化解到期风险、切实缓释存量风险、有效控制新增贷款；2012年12月，财政部等四部委联合下发《关于制止地方政府违法违规融资行为的通知》（财预〔2012〕463号）明确指出部分地方政府违法违规融资的问题。2014年10月，《国务院关于加强地方政府性债务管理的意见》（国发〔2014〕43号）明确了政府和企业责任，规定政府债务不得通过企业举借，企业债务不得推给政府偿还，切实做到谁借谁还、风险自担，剥离地方政府融资平台政府融资职能，地方政府融资平台不得新增政府债务。2015年1月，新《中华人民共和国预算法》也规定，除发行地方政府债券外，地方政府及其所属部门不得以任何方式举借债务；2015年底，《财政部关于对地方政府债务实行限额管理的实施意见》（财预〔2015〕225号）明确，将在三年左右的过渡期内，发行地方政府债券置换存量政府债务中非政府债券形式的债务。2016 年 7 月，中共中央、国务院联合印发《中共中央　国务院关于深化投融资体制改革的意见》（中发〔2016〕18 号）；2017 年 4 月，财政部等六部委联合印发《关于进一步规范地方政府举债融资行为的通知》（财预〔2017〕50 号），2017 年 5 月，财政部印发《财政部关于坚决制止地方以政府购买服务名义违法违规融资的通知》（财预〔2017〕87 号），要求进一步规范融资平台公司融资行为管理，推动融资平台公司尽快转型为市场化运营的国有企业、依法合规开展市场化融资，地方政府及其所属部门不得干预融资平台公司日常运营和市场化融资（如表 4 - 1 所列）。

表 4 - 1　关于地方政府融资平台相关法律法规文件

编号	法规出台单位	法规名称	时间
1	国务院	《国务院关于投资管理体制的近期改革方案》（国发〔1988〕45 号）	1988 年 7 月 16 日
2	国务院	《国务院关于固定资产投资项目试行资本金制度的通知》（国发〔1996〕35 号）	1996 年 8 月 23 日
3	发改委	《国家发展改革委关于进一步改进和加强企业债券管理工作的通知》（发改财金〔2004〕1134 号）	2004 年 6 月 21 日
4	国务院	《国务院关于投资体制改革的决定》（国发〔2004〕20 号）	2004 年 7 月 16 日
5	中国人民银行、中国银监会	《中国人民银行　中国银监会关于进一步加强信贷结构调整促进国民经济平稳较快发展的指导意见》（银发〔2009〕92 号）	2009 年 3 月 24 日
6	中国银监会	《中国银监会办公厅关于信托公司信政合作业务风险提示的通知》（银监办发〔2009〕155 号）	2009 年 4 月 14 日
7	财政部	《财政部关于坚决制止财政违规担保向社会公众集资行为的通知》（财预〔2009〕388 号）	2009 年 11 月 6 日
8	国务院	《国务院关于鼓励和引导民间投资健康发展的若干意见》（国发〔2010〕13 号）	2010 年 5 月 7 日
9	国务院	《国务院关于加强地方政府融资平台公司管理有关问题的通知》（国发〔2010〕19 号）	2010 年 6 月 10 日

（续表）

编号	法规出台单位	法规名称	时间
10	财政部、发改委、中国人民银行、中国银监会	《关于贯彻国务院关于加强地方政府融资平台公司管理有关问题的通知相关事项的通知》（财预〔2010〕412号）	2010年7月30日
11	中国银监会	《中国银监会办公厅关于地方政府融资平台贷款清查工作的通知》（银监办发〔2010〕244号）	2010年8月2日
12	中国银监会	《中国银监会办公厅关于做好下一阶段地方政府融资平台贷款清查工作的通知》（银监办发〔2010〕309号）	2010年10月11日
13	财政部	关于印发《地方政府融资平台公司公益性项目债务核算暂行办法》的通知（财会〔2010〕22号）	2010年10月28日
14	中国银监会	《关于加强当前重点风险防范工作的通知》（银监发〔2010〕98号）	2010年11月15日
15	发改委	《国家发展改革委办公厅关于进一步规范地方政府投融资平台公司发行债券行为有关问题的通知》（发改办财金〔2010〕2881号）	2010年11月20日
16	发改委、卫生部、财政部等五部委	《国务院办公厅转发发展改革委 卫生部等部门关于进一步鼓励和引导社会资本举办医疗机构意见的通知》（国办发〔2010〕58号）	2010年11月26日
17	中国银监会	《中国银监会关于规范中长期贷款还款方式的通知》（银监发〔2010〕103号）	2010年12月3日
18	中国银监会	《中国银监会关于加强融资平台贷款风险管理的指导意见》（银监发〔2010〕110号）	2010年12月16日
19	国务院	《国务院办公厅关于做好地方政府性债务审计工作的通知》（国办发明电〔2011〕6号）	2011年2月13日
20	中国银监会	《中国银监会关于切实做好2011年地方政府融资平台贷款风险监管工作的通知》（银监发〔2011〕34号）	2011年3月31日

（续表）

编号	法规出台单位	法规名称	时间
21	中国银监会	《关于地方政府融资平台贷款监管有关问题的说明》（银监办发〔2011〕191号）	2011年6月17日
22	中国银监会	中国银监会非银部《关于进一步落实信托公司、金融租赁公司地方政府融资平台清查工作的通知》（非银发〔2011〕15号）	2011年6月28日
23	中国银监会	《关于加强2012年地方政府融资平台贷款风险监管的指导意见》（银监发〔2012〕12号）	2012年3月1日
24	发改委	《国家发展改革委办公厅关于进一步强化企业债券风险防范管理有关问题的通知》（发改办财金〔2012〕3451号）	2012年12月11日
25	财政部、发改委、中国人民银行、中国银监会	《关于制止地方政府违法违规融资行为的通知》（财预〔2012〕463号）	2012年12月24日
26	中国银监会	《关于加强2013年地方政府融资平台贷款风险监管的指导意见》（银监发〔2013〕10号）	2013年4月9日
27	国务院	《国务院办公厅关于加强影子银行监管有关问题的通知》（国办发〔2013〕107号）	2013年12月10日
28	全国人大常委会	全国人民代表大会常务委员会关于修改《中华人民共和国预算法》的决定	2014年8月31日
29	国务院	《国务院关于加强地方政府性债务管理的意见》（国发〔2014〕43号）	2014年9月21日
30	财政部	《财政部关于推广运用政府和社会资本合作模式有关问题的通知》（财金〔2014〕76号）	2014年9月23日
31	国务院	《国务院关于深化预算管理制度改革的决定》（国发〔2014〕45号）	2014年9月26日
32	财政部	关于印发《地方政府存量债务纳入预算管理清理甄别办法》的通知（财预〔2014〕351号）	2014年10月23日

（续表）

编号	法规出台单位	法规名称	时间
33	国务院	《国务院关于创新重点领域投融资机制鼓励社会投资的指导意见》（国发〔2014〕60 号）	2014 年 11 月 16 日
34	财政部	《关于政府和社会资本合作示范项目实施有关问题的通知》（财金〔2014〕112 号）	2014 年 11 月 30 日
35	发改委	《国家发展改革委关于开展政府和社会资本合作的指导意见》（发改投资〔2014〕2724 号）	2014 年 12 月 4 日
36	财政部、民政部、工商总局	关于印发《政府购买服务管理办法（暂行）》的通知（财综〔2014〕96 号）	2014 年 12 月 15 日
37	财政部	《关于规范政府和社会资本合作合同管理工作的通知》（财金〔2014〕156 号）	2014 年 12 月 30 日
38	民政部、发改委、财政部等十部委	《关于鼓励民间资本参与养老服务业发展的实施意见》（民发〔2015〕33 号）	2015 年 2 月 3 日
39	财政部、住房和城乡建设部	《关于市政公用领域开展政府和社会资本合作项目推介工作的通知》（财建〔2015〕29 号）	2015 年 2 月 13 日
40	财政部	《关于推进地方盘活财政存量资金有关事项的通知》（财预〔2015〕15 号）	2015 年 2 月 17 日
41	发改委、国家开发银行	《国家发展改革委　国家开发银行关于推进开发性金融支持政府和社会资本合作有关工作的通知》（发改投资〔2015〕445 号）	2015 年 3 月 10 日
42	财政部、发改委、中国人民银行、中国银监会	《财政部　发展改革委　中国人民银行　银监会关于开展地方政府存量债务清理甄别初步结果核查工作的通知》（财预〔2015〕24 号）	2015 年 6 月 11 日
43	国务院	《国务院办公厅关于印发地方政府性债务风险应急处置预案的通知》（国办函〔2016〕88 号）	2016 年 10 月 27 日

（续表）

编号	法规出台单位	法规名称	时间
44	财政部、发改委、司法部、人民银行、中国银监会、证监会	《关于进一步规范地方政府举债融资行为的通知》（财预〔2017〕50号）	2017年4月26日
45	财政部	《关于坚决制止地方以政府购买服务名义违法违规融资的通知》（财预〔2017〕87号）	2017年5月28日
46	财政部	《关于进一步加强政府和社会资本合作（PPP）示范项目规范管理的通知》（财金〔2018〕54号）	2018年4月24日

随着各级政府对地方政府融资平台清理规范工作的力度加大，融资平台贷款持续高增的态势有所缓解。各地方政府通过增加注册资本、注入优质资产、完善法人治理结构等方式，大大提高了融资平台公司的资产质量和偿债能力。中国人民银行的统计显示，2010年年末多个省市地方政府融资平台贷款增速由50％以上降至20％以下。根据审计署的审计结果，与2010年相比，2012年省市县融资平台公司平均每家资产增加13.13亿元、利润总额增加479.98万元，平均资产负债率下降4.90％。地方政府融资平台规范治理工作初见成效，债务风险有所缓解，但并不意味着风险已经完全消除，仍需要保持高度警惕。

4.2 我国地方政府融资平台的发展现状

4.2.1 我国地方政府融资平台债务融资规模

根据审计署2011年6月发布的《全国地方政府性债务审计结果》（2011年第35号），截至2010年年底，我国地方政府融资平台公司的政府性债务余额为49710.68亿元，占地方政府总债务余额的46.38％，其中，政府负有偿还责任的债务为31375.29亿元、政府负有担保责任的债务为8143.71亿元、其他相关债务为10191.68亿元，分别占融资平台政府性债务余额的63.12%、16.38%和20.50%。可见，融资平台已经成为我国地方政府举债融资的重要主体，而且其大部分债务都是通过政府财政兜底（占63.12%）和政府财政担保（占16.38%）方式举借的，如表4-2所列、图4-1所示。

表4-2 截至2010年年底我国地方政府性债务举债情况

举债主体类别	三类债务合计		政府负有偿还责任的债务		政府负有担保责任的债务		其他相关债务	
	债务额（亿元）	比重（%）	债务额（亿元）	比重（%）	债务额（亿元）	比重（%）	债务额（亿元）	比重（%）
融资平台公司	49710.68	46.38	31375.29	46.75	8143.71	34.85	10191.68	61.04
地方政府部门和机构	24975.59	23.30	15817.92	23.57	9157.67	39.19	0	0.00
经费补助事业单位	17190.25	16.04	11234.19	16.74	1551.87	6.64	4404.19	26.38
公用事业单位	2498.28	2.33	1097.2	1.63	304.74	1.30	1096.34	6.57
其他单位	12800.11	11.94	7584.91	11.30	4211.75	18.02	1003.45	6.01
合计	107174.91	100.00	67109.51	100.00	23369.74	100.00	16695.66	100.00

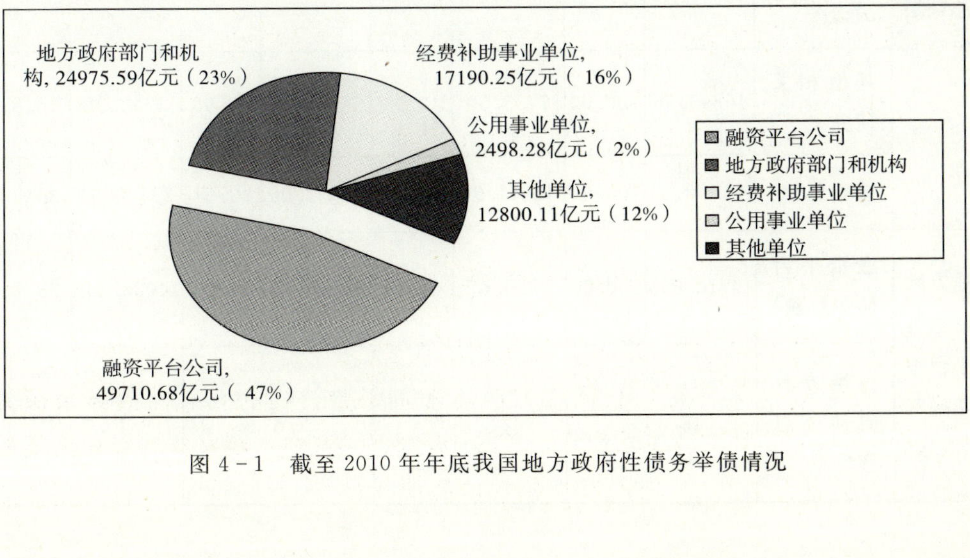

图4-1 截至2010年年底我国地方政府性债务举债情况

从层级看，省级、市级和县级地方政府融资平台债务余额分别为8826.67亿元、26845.75亿元和14038.248亿元，分别占地方政府融资平台债务总额的17.76%、54.00%和28.24%，占省级、市级和县级地方政府债务总额的27.49%、57.57%和49.38%。可见，市县级地方政府融资平台的举债融资规模占地方政府融资平台举债融资总额的82.24%，已经成为地方政府融资平台举债融资的主力军；同时，市级和县级政府融资平台债务余额分别占相应层级地方政府债务总额的57.57%和49.38%，已经成为相应层级地方政府举债融资的主要工具，如表4－3所列、图4－2所示。

表4－3　截至2010年年底我国地方政府性债务和融资平台债务余额层级分布情况

债务层级		合计		省级		市级		县级	
		债务额（亿元）	比重（%）	债务额（亿元）	比重（%）	债务额（亿元）	比重（%）	债务额（亿元）	比重（%）
地方政府债务总额层级分布	政府负有偿还责任的债务	67109.51	100.00	12699.24	18.92	32460	48.37	21950.27	32.71
	政府负有担保责任的债务	23369.74	100.00	11977.11	51.25	7667.97	32.81	3724.66	15.94
	其他相关债务	16695.66	100.00	7435.59	44.54	6504.09	38.96	2755.98	16.51
	债务总额	107174.91	100.00	32111.94	29.96	46632.06	43.51	28430.91	26.53
地方政府融资平台举债融资层级分布	融资平台债务总额	49710.668	100.00	8826.67	17.76	26845.75	54.00	14038.248	28.24
	占地方政府债务总额比重	46.38%		27.49%		57.57%		49.38%	

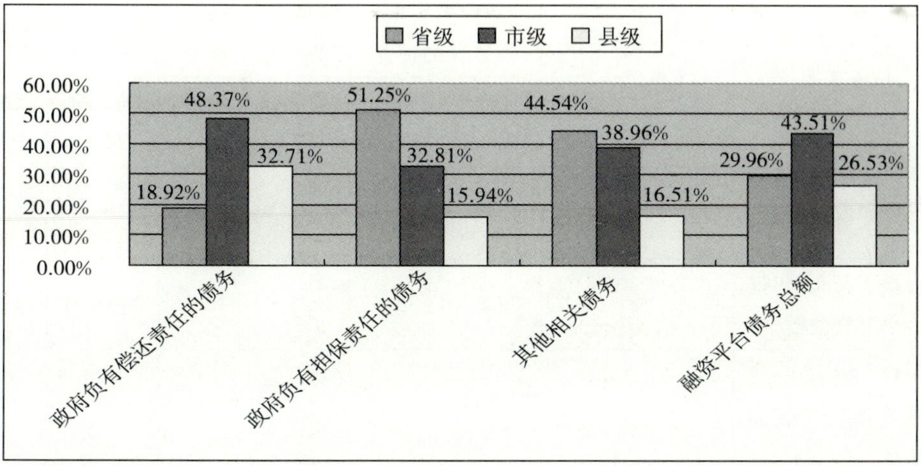

图 4－2　截至 2010 年年底我国地方政府性债务和融资平台债务余额层级分布情况

从债务来源来看，根据叶建国（2010）保守估计，地方政府融资平台债务总额中至少有 77.37％的债务来自银行贷款，总额至少在 38463.22 亿元以上，其中地方政府负有偿还责任和担保责任的银行贷款分别占 59.62％和 15.67％，见表 4－4 所列。

表 4－4　截至 2010 年年底我国地方政府性债务和融资平台债务资金来源情况

债务来源		三类债务合计		政府负有偿还责任的债务		政府负有担保责任的债务		其他相关债务	
		债务额（亿元）	比重（％）	债务额（亿元）	比重（％）	债务额（亿元）	比重（％）	债务额（亿元）	比重（％）
地方政府债务来源分布	银行贷款	84679.99	79.01	50225	74.84	19134.14	81.88	15320.85	91.77
	上级财政	4477.93	4.18	2130.83	3.18	2347.1	10.04	0.00	0.00
	发行债券	7567.31	7.06	5511.38	8.21	1066.77	4.56	989.16	5.92
	其他单位和个人借款	10449.68	9.75	9242.3	13.77	821.73	3.52	385.65	2.31
	债务总额	107174.91	100.00	67109.51	100.00	23369.74	100.00	16695.66	100.00

（续表）

债务来源		三类债务合计		政府负有偿还责任的债务		政府负有担保责任的债务		其他相关债务	
		债务额（亿元）	比重（%）	债务额（亿元）	比重（%）	债务额（亿元）	比重（%）	债务额（亿元）	比重（%）
地方政府融资平台债务、最低银行贷款及其比重估计	数量	49710.68	100.00	31375.29	63.12	8143.71	16.38	10191.68	20.50
	最低银行贷款额	38463.22	100.00	22933.04	59.62	6025.91	15.67	9504.27	24.71
	银行贷款额占全部债务的最低比例	77.37		72.09		73.99		93.26	

4.2.2 地方政府融资平台投资建设和经营项目的类型及其特征

从本质上说，我国地方政府融资平台公司投资建设和经营的项目都应该是有关国计民生和社会经济发展、具有较大公益性的项目。在地方政府融资平台投资建设和经营的这些项目中，有的是完全不产生显性经济效益的非经营性项目；有的是建成后能产生显性经济效益，也能依靠自身收益维持财务平衡的经营性项目；有的是能产生部分显性经济效益，但不能依靠自身收益维持自身财务平衡的准经营性项目。因此，按是否具有经营性收入可以将我国地方政府融资平台经营项目分为如下三大类型。

（1）没有经营性收入、不产生显性经济收益的非经营性项目

这类项目是以获得社会效益为目的、完全依赖政府投资建设和运营、几乎没有显性经济收益的完全公益性项目，主要包括新城区开发、城市道路、桥梁涵洞、城市广场、公共卫生、环境整治、公共文化、娱乐、体育设施等方面的项目。从理论上说，地方政府融资平台公司投资该类项目的主要资金来源应该是纳入政府预算的财政资金和政府发行债券筹集的资金。当财政资金和政府债务资金不足时，融资平台公司在地方政府行政资源帮助下，以地方政府划拨给平台公司

的土地质押担保、以地方政府信用担保，甚至直接以地方政府未来财政收入“兜底”（通常由政府出具还款承诺函或将每年的贷款本息列入当地人民代表大会支出预算作为还款信用保证）等方式，向政策性银行和商业银行等金融机构贷款。该类项目顺利实施和成功运作的思路和逻辑是：项目建成后，必然会改善地方基础设施质量，优化投资环境，增强地方招商和引资能力，进而提高地方经济发展水平，增大土地增值空间，从税收和土地收益等方面大幅度提升地方财政能力。土地增值空间的扩大和地方政府财政能力的提升，不仅可以使地方政府完全有能力偿还其融资平台投资该项目的贷款资金，而且能够进一步提升地方政府的融资担保能力。

（2）有经营性收入、能产生显性经济收益的经营性项目

这类项目是以推动地方主导产业发展、加快地区经济建设和提高人民生活水平为目的，可完全按照市场化原则建设和经营，建成后能自负盈亏、以自身收益维持自身财务平衡的经营性项目，主要包括土地储备、高速公路建设、水利投资、地区主导产业发展项目，以及城市供水、供电、供热、供气等方面的项目。该类项目虽然具有一定的公益性，但是其同时也具有强烈的可经营性，完全可以在地方政府相关部门的统一规划和指导下，在投资、建设和经营等各个环节都按照市场化原则进行运作。由于我国还处于社会主义市场经济的初级阶段，金融市场还不够成熟，经济体制和投融资体制还不够完善，这类项目在投资和建设阶段还需要政府主导才能完成。因此，从理论上说，地方政府融资平台公司投资该类项目的主要资金来源应该纳入预算的财政资金和部分民营资本，地方政府和民营出资人在出资后分别成为控股股东和参股股东。当地方政府股东和民营资本股东所出资金不足时，融资平台在行政资源帮助下，以公司未来经营性收益为担保，向政策性银行和商业银行等金融机构贷款。在项目建成投入运营后，一是可以使用项目自身的经营性收益偿还债务，实现自负盈亏和可持续健康运营；二是可以通过该类项目的良好运营带动地区其他相关产业发展，打造地区产业集群，促进地区经济快速增长；三是可以使地方政府作为控股股东，分享项目公益性带来的社会效益和融资平台项目经营带来的经济收益。随着地区经济的不断发展和我国社会主义市场经济的不断成熟，地方政府可以通过股权转让等方式逐步将该类项目的股权转让给民间资本，进而使该类融资平台公司逐步退出“地方政府融资平

台”领域，成为现代化的企业集团公司。

（3）有部分经营性收入、能产生部分显性经济收益的准经营性项目

这类项目是以“确保实现社会效益的条件下，力求经济效益最大化”为目的，建成后能产生部分经济收益，但不能完全自负盈亏、需要政府财政补贴才能维持财务平衡的具有半经营性的项目，主要包括城市轨道交通、保障性住房、垃圾处理、污水处理等方面的项目。从理论上说，该类项目在投资建设阶段应该以政府投资为主，地方政府融资平台公司投资建设该类项目的主要资金来源应该是纳入政府预算的财政资金和政府发行债券筹集的资金。当财政资金和政府债务资金不足时，融资平台公司在地方政府行政资源帮助下，以地方政府信用担保和融资平台公司未来经营性收益担保、地方政府划拨给平台公司的土地质押担保等方式，向政策性银行和商业银行等金融机构贷款。在项目建成后，政府可以将部分股权出售给民营资本，进而吸纳民营资本作为参股股东，以换取资金偿还银行债务；也可以在融资平台公司经济效益比较好的时候，将融资平台公司产生的社会效益折算成隐性经济效益，作为融资平台公司给予政府股东的回报；在融资平台公司经济效益比较差的时候，将融资平台公司产生的社会效益折算成隐性经济效益，要求政府对公司履行公益性职能而产生的社会效益给予适当的财政补贴。随着地方经济的不断发展和我国社会主义市场经济的不断成熟，地方政府在保持其控股股东地位的条件下，可以通过股权转让等方式将该类项目部分股权转让给民间资本，进而使该类项目的经营模式转变为政府控制下的多元业主模式。

4.2.3 地方政府融资平台公司的类型

（1）按照融资平台公司的法律性质划分

按照地方政府融资平台公司的法律性质，可以将其划分为企业法人型融资平台、事业法人型融资平台和机关法人型融资平台三种类型。

企业法人型融资平台。企业法人是指具有符合国家法律规定的资金数额、企业名称、组织章程、组织机构、住所等法定条件，能够独立承担民事责任，经主管机关核准登记取得法人资格的社会经济组织。企业法人型融资平台就是按照企业法人模式组建和经营的地方政府融资平台。

事业法人型融资平台。事业法人是指以谋求社会公共利益为目的，从事国家

管理和物质生产以外的社会活动的法人组织，如从事文化、教育、科研、卫生、体育、新闻、出版等工作的法人实体。事业法人型融资平台就是按照事业法人模式组建和运营的地方政府融资平台。

机关法人型融资平台。机关法人是指依法享有国家赋予的权力，以国家预算为活动经费，因行使职权的需要而享有民事权利能力和民事行为能力的各级国家机关，其确立了机关主体资格，奠定了机关工作的法律基础，增加了机关工作的权威性、严肃性和规范性。机关法人型融资平台就是按照机关法人模式组建和运作的地方政府融资平台。

从表象上看，我国地方政府融资平台大多是按照企业法人模式组建和经营的，具有企业法人的一切要件（如资金数额、企业名称、组织章程、组织机构、住所等)，属于企业法人型融资平台。但从本质上看，我国地方政府融资平台又拥有机关法人和事业法人的特性，地方政府融资平台大多沿袭了政府机关和事业单位的行为模式与决策模式。我国地方政府融资平台不属于企业法人、事业法人和机关法人中的任一单一类型，而是上述三种类型的结合体，是以企业法人形式存在、按机关法人和事业法人运作的社会经济组织。

（2）按照融资平台公司所投资建设和经营的项目划分

按照融资平台公司所投资建设和经营的项目性质，可以将融资平台划分为以下三种类型。

基础设施建设融资平台。基础设施建设融资平台是指专门投资建设没有经营性收入、不产生显性经济收益的非经营性项目的地方政府融资平台。例如，承担成都市城乡统筹、小城镇建设等任务的成都市小城镇投资有限公司就属于这种类型。

产业发展融资平台。产业发展融资平台是指以推动地方主导产业发展、提高地方社会经济发展水平为目的而组建的地方政府融资平台，其投资建设和经营的项目大多表现为有经营性收入、能产生显性经济收益的经营性项目。从目前来看，因为地方主导产业发展必须要有良好的基础设施做支撑，所以承担推动地方产业发展任务的地方政府融资平台大多承担了部分基础设施投资建设任务，目前为止几乎还没有不承担基础设施建设任务的产业发展融资平台。

基础设施和产业发展混合融资平台。基础设施和产业发展混合融资平台是指既承担基础设施投资建设任务，又承担地方主导产业发展投资建设和经营任务的地方政府融资平台，其投资建设和经营的项目既包括没有经营性收入、不产生显性经济收益的非经营性项目，也包括有经营性收入、能产生显性经济收益的经营性项目，还包括有部分经营性收入、能产生部分显性经济收益的准经营性项目。目前存在的地方政府融资平台大多属于这种类型，如重庆市人民政府设立的"重庆市水利投资（集团）有限责任公司"、重庆市两江新区设立的"重庆两江航空产业投资集团有限公司"、重庆市黔江区人民政府设立的"重庆鸿业实业集团有限公司"、贵州省人民政府设立的"贵州省水利投资（集团）有限责任公司"、成都市双流区人民政府设立的"成都西航港建设投资有限公司"、四川省人民政府设立的"四川高速公路建设开发总公司"等。

4.3 我国地方政府融资平台存在的主要问题

4.3.1 债务风险问题突出

我国地方政府融资平台公司的负债规模较大，根据"4.2.1 我国地方政府融资平台债务融资规模"信息可得，我国地方政府融资平台公司的政府性债务余额为49710.68亿元，占地方政府总债务余额的46.38%，融资平台已经成为我国地方政府举债融资的重要主体。其中，市县级地方政府融资平台的举债融资规模占地方政府融资平台举债融资总额的82.24%。这些层级较低的融资平台（如市县级的融资平台）实力不足却承担着市县级的建设任务，如对"城中村"的改造工程，项目是省市级的统一规划任务，资金来源却主要依靠各市县级的融资平台，这些平台的资本金规模往往受制于本级政府财力，很难承担起如此重大的融资建设任务，因此市县级融资平台的总负债水平高，负债率普遍超过80%或更高。庞大的平台债务，尤其是市县级平台债务，对地方财政形成了较大的压力。实际上，银行体系对于平台贷款发放除了政府担保的考量之外，很大程度上是建立在土地价格上涨预期之上的。如果平台公司或地方政府所持有的土地保持价格上涨的趋势，那么通过卖地所获得的土地出让收入确实能够保证贷款利息的偿还，只要保证了平台现金流不断裂，就有空间进行资本运作来逐渐降低风险，避免偿债危机的爆发；但土地出让收入受国家宏观经济情况影响较大，尤其是在中央维持对房地产行业严格调控政策的背景下，未来地方政府土地出让收入实在是存在太多的不确定性。

具体而言，地方政府债务风险主要表现在以下三个方面：一是平台负担风险。我国法律规定政府不得向银行贷款，也不得为银行贷款提供担保，所以地方城市建设项目贷款主要是由地方政府融资平台公司借得。但是，资金的使用者是项目建设单位，平台公司对项目建设及资金运用并不实施管理，项目的最终受益也不属于借款人，贷款资金实际上脱离借款人的监控。法律上的银行借款人却是平台公司。一旦平台公司破产，城建项目贷款将会面临较大的偿还风险。二是政府负担风险。大部分城市建设项目是公益性的非经营项目，而平台公司是由政府出资直接或者间接设立，所以项目贷款的还款来源主要是地方政府的财政专项补助资金和政府的土地转让收益等。地方政府融资平台信贷高速增长，无形中增大了政府的隐性负债，如果地方政府不能偿还贷款，将转嫁为商业银行的不良资产或者中央财政成为最后付款人，这在客观上成为少数地方政府挤占信贷资源以及财政负债能力的重要渠道。三是银行负担风险。首先，信息不充分。银行与地方政府融资平台信息不对称，银行很难监控平台公司贷款情况及地方政府的债务。其次，还款资金难掌握。政府土地收益直接纳入财政预算，很难保证土地收益权质押的有效性，对于地方政府用于还款的财政资金，也难以做到有效监督。最后，质押权存在法律障碍。目前政府垄断了土地收益权，国家法律又没有明确规定收益权可以作为质押物，质押缺乏法律保障。

4.3.2 融资渠道不畅，融资结构单一

融资渠道多元化和市场化是地方政府运行融资平台所应遵循的原则之一。但是目前我国地方政府融资平台的主体一般是市级以及区县两级的各类国有投资公司，其投融资模式一般是：地方政府融资平台是地方政府最主要的融资工具，而地方政府融资平台的资金筹措仍然主要通过银行贷款。以政府财政担保和土地抵押为主的金融机构贷款，缺乏有效的法律保障，单一融资渠道引起的融资风险逐渐显露，地方政府的偿债能力面临考验。

地方政府运作融资平台应该通过多渠道获得银行贷款，例如，将城投债作为项

目资本金进行银行贷款、通过土地抵押和财政担保获得银行贷款等，但是现在这些融资渠道都不通畅。目前，地方政府融资平台的融资渠道主要是中央代发的地方政府债、城投债和银行贷款。而在这三个融资模式中，又主要以银行贷款为主，这造成了对银行过度依赖的不利局面。如果信贷政策缩紧，尤其是在降低（甚至停止）对地方政府融资平台贷款比例、加大对中小企业信贷扶持力度的政策下，地方政府融资平台立刻受到钳制，面临资金链断裂的问题，严重影响了在建项目的建设。由此可见，地方政府融资平台的融资方式过度依赖银行，会给商业银行带来潜在的经营风险，并可能导致由金融风险所产生的一系列其他社会风险。

4.3.3 投融资缺乏中长期规划，投资效率低下

地方政府融资平台所投项目大多属于地方重点基础设施项目，如交通运输和基础设施等固定资产投资项目，在项目贷款期限结构中普遍以中长期贷款为主，从贷款发放到项目建设完成进入运营，产生持续现金收益还本付息，整个过程一般需要几年的时间，投资期集中，受益期限长，投资回收慢。我国地方政府融资平台名义上是公司，实际上大多并不是真正意义上的独立企业法人。平台公司同地方政府紧密联系，其运行无法达到独立规范。地方政府，尤其是部分经济状况较不发达的市县级地方政府，对平台公司化运作的认识不足，追求融资规模的扩大和项目投资建设数量的增加，而没有相应的偿债计划。平台公司债务大多为中长期债务，地方政府和平台公司由于没有眼前紧迫的偿债压力，在没有公司内部治理约束的情况下，投资决策的不合理与项目建设计划不严格执行的情况较容易发生。这一方面可能会对平台公司的现金流产生影响，严重时可能造成平台公司资金链断裂，引发连锁反应，造成烂尾工程。另一方面，地方政府融资平台缺乏中长期规划，忽略投融资的资本控制，往往通过将土地等资产出让获取收入或增加财政资金拨付等方式，以归还银行贷款利息或本金，这种状况造成筹资成本过高。而地方政府的这种制度外融资，预算无法对其形成强制的约束，很多城建工程不顾资源和成本的约束，严重影响资金的正常偿还，进而影响银行的安全运行。

4.3.4 政府融资平台治理结构不健全

一是政企分界不清。地方政府融资平台是政府设立、为政府服务的机构，平

台高管多由政府官员担任，政企不分客观上造成了平台法人治理结构不健全、管理不严格的问题。平台高管在决策时受政府层面的影响大，缺少企业管理经验和风险防范意识，国有资产可能因此流失或浪费。当地方政府融资平台的债务急剧增加时，势必会造成地方政府庞大的隐性债务，导致财政风险的产生。

二是决策管理机制不统一。地方政府融资平台作为独立法人向金融机构或在资本市场融资进行基础设施建设，基础设施的公益性特征决定了相关债务的偿还依赖于地方政府的支持。作为政府融资平台，其自身是没有主动融资权力的，它们的融资必须得到有效的授权，资金筹集和支配的权力始终集中在相关的政府主管部门。但就目前的情况来看，决策机制不明确，管理机制不到位，事前审批、事中操作、事后监督没有形成一套统一、规范的制度约束。各地方、各级政府管理水平参差不齐，管理方式多样。另外，地方政府往往重事前控制，轻事后控制，对配合债权人监管资金的重视不够。因此，融资前虚增资本金，融资后抽逃资本金、挪用融资资金等情况屡见不鲜。

三是信用担保双重性的行政色彩严重。地方政府对平台融资的信用担保一部分在隐性层面存在，另一部分则具有显性化特征。隐性层面的政府担保是指虽然没有规范的协议明确地方政府对平台融资的担保责任，但地方政府介入了融资过程，行政权力引导了融资行为的发生，地方政府事实上存在着担保责任。显性层面的政府担保是指有融资合同明确认定地方政府存在担保责任，包括银政合作协议、担保函等形式。银政合作协议是地方政府通过与金融机构进行协商，以签署统筹合同的形式来获取银行的授信额度，对贷款的具体使用没有特别详细的规定，只是明确了资金使用的大方向和地方政府的担保责任。担保函是当政府平台预期收益不足时，难以获取贷款，由地方政府或地方人大出具的，承认平台贷款不良化时的代偿责任。无论是隐性担保还是显性担保，都带有浓重的行政色彩。因为我国地方政府在社会体制中的特殊地位，地方政府存在一种“国有而不（能）倒”的状态，地方政府不可能在经济上“破产”，所以这种信用风险甚至有可能转化为中央财政的代偿风险。

4.3.5 部分融资平台公司的设立与运作不规范

在地方政府融资平台推进的各种基础设施项目中，普遍存在资本金不足的问题，导致不同地方的政府融资平台积极变通来补充资本金，使得银行的贷款风险明显加大。例如，部分融资平台会通过委托银行发行理财产品来补充资本金，然后再继续要求银行贷款，也可能要求不法代理机构高估实物出资或出具虚假注册资金证明等手段虚假出资。有的项目以流动资金或搭桥贷款充作项目资本金；有的以股东借款的形式借到新的融资平台作为资本金；还有的利用扩大投资规模的名义，在增加新的贷款之后，抽回初期注入的有限的资本金。同时，部分融资平台公司运行缺乏有效的约束，使得公司经营现状令人担忧。

4.3.6 信息披露不充分导致贷款银行信息不对称

目前，银行或者民间资本能够获取的财政信息非常有限，政府通常不向银行提供详细的财政收支变化、政府融资平台总贷款金额等情况，并且数据的精准性和真实性尚存疑虑。而项目、信息往往都是政府提出融资意向后方可获得，对于重点项目的融资尚没有形成公开的市场竞标机制，政府融资项目回避银团贷款方式，往往与多家银行分别签订合作协议，但银行间没有共同的信息平台，无法从总量上掌握融资平台的融资总量。相对于政府而言，银行或其他投资者均为弱势，无法对等协商。财政系统中普遍存在报表格式不统一、统计口径不一致、财政数据不公开的情况，这使得贷款人的调查成本大，无法科学、准确和定量分析政府融资平台的负债水平、还款能力；偿债资金安排、政府投资项目列表等部分重要数据往往不对外公开披露，政府融资的透明度受到质疑，加大了融资的风险，不利于政府信用建设和金融稳定。银行对政府融资平台的信用评价完全取决于本级政府的财力，而不取决于公司本身的还款能力，因此银行更需要了解掌握政府财政收支、财政偿还能力的情况。实际上，银行往往只能凭借一些不完整的资料来做评价。在目前多家银行竞争、一个政府又有多个融资平台的情况下，某一家银行要想对某个项目资本金来源、资本金到位情况进行有效监控是很难的，由于信息不对称，银行无法监控政府融资平台跨银行的资金流向，更难掌握融资平台的资本金是从何而来，有时甚至要跟踪了解本行贷款的真实用途都比较困难。每一家银行只能了解与其有借贷关系的那家平台公司的融资情况及在本行内的资金流向。从理论上讲，银行可以控制自身对地方政府融资的总量，可以通过设定总的授信额度来控制政府融资平台的过度融资，但实际上很难操作。一家银行控制了总量，不再发放新贷款了，其他银行继续发放贷款，就会出现政府融资平台过度融资的问题。过度融资的风险并不因哪家银行控制了总量而降低。相反，如果其他银行给予了更多的贷款，融资风险还会进一步扩大。

4.3.7 平台发展的非理性不利于宏观调控效果

（1）不利于我国财政政策与货币政策的宏观调控

从财政政策调控角度来看，融资平台作为地方政府提供公共服务的媒介，是财政政策的重要传导渠道。平台通过有效的财政资金撬动更多的金融资本投入实体经济，从而进一步扩大经济产出的乘数，放大了积极财政政策的调控力度。但是，政府融资平台对刺激经济的加速倍数和政策效力的持续时间并不是中央财政部门所能准确把握的，这就增加了财政部门调控难度，难以避免地出现过度扩张或紧缩的财政支出风险。此外，在中央采取紧缩调控政策时，追求政绩最大化的地方政府往往利用融资平台与中央政府进行博弈，对抗紧缩性财政政策，从而会削弱财政调控的经济效果。

从货币政策调控角度来看，政府平台对持续信贷规模的需求将阻碍货币政策目标的实现。2009 年大量的信贷投向地方政府融资平台之后，为确保项目的持续投入与运营，随后几年的信贷投放规模极可能保持较高的被动增长趋势。当前我国货币政策目标的实现主要通过信贷传导机制。监管当局从 2009 年下半年已经收紧地方基础设施建设的新项目贷款，但同时也要求商业银行必须保证老项目顺利完工。信贷投放的被动增长可能成为阻碍抑制通胀、控制经济过热等货币政策目标实现的因素。

（2）不利于我国产业结构调整

我国实现经济发展方式转变的重点之一是加快推进产业结构的调整。在当前国内外经济格局发生深刻变化的关键时期，不失时机地推进工业结构调整与升级，有利于尽快实现我国战略转型和提升国际竞争力。根据有关研究表明，在平台迅速扩张的过程中，一部分地方和区域出现了对低附加值的建筑用钢材、建材和焦炭等投资品需求上升，原已过剩的产能投资和生产增速出现加快之势。一些本来需要退出市场的落后产能不容易被淘汰，反而在平台创造的融资条件下得以继续发展。这种专注于眼前利益而不顾及产业结构调整大局的做法势必对我国长期发展战略产生不利影响。

（3）过度政府投资对中小企业等私人投资产生挤出效应

除了经济增长的实现以外，扩大就业、促进消费也是国家经济发展的重要指标。在此方面，中小企业的发展有利于实现这样的目标。然而，过度的政府投资对中小企业等私人投资产生挤出效应，尤其是在我国中小企业融资渠道不畅的情况下，更容易出现社会资金配置冷热不均的情况。政府平台贷款具有的期限长、贷款数额大、政府担保等特点使其成为银行等金融机构信贷营销的重点，尤其是在当前流动性过剩的形势下，银行体系更加倾向于政府融资平台的贷款。忽视资金配置的平衡不利于我国增加就业、促进消费、实现扩大内需的政策目标。

第 5 章 我国地方政府融资平台典型模式研究

随着地方政府融资平台的不断发展，我国各地探索出各具特色的融资模式。本书基于政府级别将融资模式按省级政府融资平台模式（包含自治县、直辖市、计划单列市）、市级政府融资平台模式、区县级政府融资平台模式进行梳理。

5.1 直辖市及省级地方政府融资平台典型模式

5.1.1 北京市

（1）基本特征：政府主导、公建私营、聚集社会资金

虽然北京市不是最早对投融资进行探索的城市，但其具有得天独厚的区位优势。在城市基础设施建设方面较全国其他地方而言是比较完善的，在投融资政策支持方面也具有优势。经过多年来的发展，北京市已经形成了独具特色的创新性融资平台模式。这种独特的模式是“政府主导、公建私营、聚集社会资金”。这种创新性的融资平台主要体现在其投资主体的多元化。其融资渠道不仅依靠政府财政，而且能够广泛筹集社会资金。北京市地方融资平台主要有北京基础设施投资有限公司、北京市首都公路发展集团有限公司、北京市自来水集团有限公司、北京城市排水集团有限责任公司、北京市公联公路联络线有限责任公司等。投资于区域性的综合开发平台主要有北京新奥集团有限公司、中关村发展集团股份有限公司等。

（2）模式运作

北京市的融资平台建设领域主要投资于北京市大型市政基础设施建设。传统模

开发建设任务，通过地方政府与企业签订协议，依据市场化原则选择项目承建者，对于公益性强、收益差的项目则由地方政府给予一定范围内的现金补贴。“特定目的公司”包含范围比“城投”范围更加广泛，除包含现有的城市投资公司之外，还包含土地整理公司（中心）和其他各类由政府出资的建设开发公司。

（2）模式运作

2009年前，天津市融资平台的主要特色为“分级分散管理”。天津市和各区之间分工明确、各司其职，主要分为市、区两级，市级政府负责全市内交通、供水、地方铁路、港口、燃气等大型公共设施建设，并对区县级部分项目给予补贴。区县级则负责本区县的基本公用设施建设，项目的审批和管理由区县政府负责。这样就将原来相对集中于计划部门的投资项目审批权分散于多个政府部门，简化了审批环节，加快了经济发展的速度。财政资金、股权划转、资本注入、资产证券化、企业债券、项目收益转增是天津市融资平台的主要来源，但是以土地增值收益为抵押向银行间接融资仍占有相当比例。

2009年后，公司投资项目分为非经营性、准经营性和经营性三类。根据不同的性质、财政拨款的来源不同，非经营项目盈利少，涉及公共事业主要由财政出资建设；准经营性项目有一定的经营成分，建设交通部门和财政局配合来安排其资金；而收益大、公益性较小的经营性项目则交给“特定目的公司”来自行融资。与此同时，天津市重视城投企业的良好资信等级，建立了一套完备的资信评价体系。为避免出现债务危机，投资项目遵循“借、用、管、还”的原则来完善投资项目建设，加快天津市的基础建设步伐和地区发展。

（3）综合评价

天津市融资平台模式的积极探索实现了从“分级管理”到“特定目的公司”的转变，充分体现了天津市人民政府对当地融资平台模式的不断探索与创新。天津市融资平台在促进天津市建设与发展方面起了不可替代的作用，但机制方面还存在着资金分散、效益低、监管不力等问题，面临着严重债务风险。

5.1.4 重庆市

（1）基本特征：“渝富”＋“八大投”共同发展

重庆市是西部经济发展比较快的城市，但由于西部地区整体基础设施水平比较差，多年来通过财政举债方式来维持城市建设的模式很难维持。2003年，重庆市从土地储备入手，成立了重庆市能源投资集团有限公司、重庆市水利投资（集团）有限公司、重庆市开发投资集团有限公司、重庆市地产集团、重庆市城市建设投资公司、重庆市交通旅游投资集团有限公司、重庆高速公路发展集团有限公司、重庆市水务控股集团有限公司等八大投资建设公司，简称“八大投”。“八大投”公司基本上是由政府注入资本建立，为提高效率，“八大投”公司之间的关系是竞争关系，均按照现代企业制度公司化经营，承担着重庆市轨道交通、高速公路、高级公路、水利工程、供排水、城市路桥、土地开发、电力能源等领域的基础设施建设。2004年，重庆市在“八大投”的基础上成立重庆市渝富资产经营管理集团有限公司，主要从事国有企业不良债务重组、企业破产、环保搬迁、投资和对地方金融参股、控股等。重庆市在投融资体制方面的大胆创新推动了重庆市基础设施建设的发展。

（2）模式运作

从融资方式上看，重庆市由以往对政府投融资项目的直接投资转变为由城市建设集团向社会融资建设。重庆市地方政府将一些无形资产授予建设集团，当建设集团具有一定资产规模和信用时，向银行进行信贷融资，筹集到资金后将资金投入项目建设。重庆市最典型的城投模式是“储地—融资—建设”模式。另外，重庆市还不断尝试通过项目融资（BOT、BT）等方式努力扩大资金来源。在整个建设过程中，重庆市一改以往由政府大包大揽的模式，将“投资、建设、运营、使用”相分离，并将竞争机制引入各个环节，有效地提高了项目建设效率。为防范债务风险，重庆市坚持“三个不担保”和“三个平衡”方针，财政部门不给融资公司提供担保；融资平台之间不提供担保；融资平台资金不能交叉使用，净资产与负债平衡；现金流平衡；投入产出平衡。重庆市坚持这样的原则方针，能有效地控制债务风险问题。

（3）综合评价

重庆市“八大投”融资平台的这种专业分工、专门管理运营，有效地提高了融资平台的运作效率。重庆市融资平台模式有效地带动了重庆市大型基础设施建设，但由于该市自然地理环境特殊，其基础设施建设费用昂贵、营利差，融资平台市场化水平较东部来说比较低，无法吸引大量民间资金。因此，重庆市基本上是以政府财政资本投入为主，以政府财政带动民间资本的方式来进行融资建设。政府在投融资建设的过程中，既是项目的投资者又是项目的经营者，这样在融资平台漫长的发展过程中出现了融资渠道单一、政府干预过多、资产质量差、监管不力等问题。从总体上看，重庆市“八大投”模式充分合理地利用了资源，为西部欠发达地区融资平台的建设提供了良好的范例。

5.1.5 浙江省

（1）基本特征：整合多方资源，促进中小企业成长

浙江省中小企业居多，对当地经济发展意义重大，但中小企业在发展过程中面临各种政策的约束，尤其是融资难问题。为解决这一问题，2006 年浙江省中小企业局和国家开发银行浙江分行根据实际情况，在调查研究和反复论证的基础上签署《浙江中小企业成长贷款合作协议》，充分利用政府部门的组织协调优势和国家开发银行的开发性金融优势，建立浙江省中小企业成长贷款融资平台，开创了开发性金融支持中小企业创业创新发展的新局面。中小企业融资平台在为中小企业解决资金瓶颈、促进中小企业发展的过程中起到了至关重要的作用。

（2）模式运作

浙江省融资平台为多方主体模式，平台的参与主体主要有浙江中小企业发展促进中心、国家开发银行浙江分行、融资平台成员担保机构、用款企业。浙江中小企业发展促进中心作为融资平台的核心，国家开发银行浙江分行作为贷款资金的提供者，担保机构则为中间人对建设项目进行推荐和担保，用款企业负责项目建设。各个主体各司其职，相互配合、统一协调。具体运作模式如下：首先融资平台遴选优质的担保机构，由确定的成员担保机构初步向融资平台推荐贷款企业；再由融资平台风险评估决策委员会对中小企业的融资项目进行风险评估后上报银行审批；贷款银行通过评估后核定金额，最后通过融资平台向用款企业打包发放贷款。引入担保机构是浙江省中小企业融资平台一个特色，主要有抵押百分百、动产质押、无形资产抵押贷款、联合担保模式等。浙江省融资平台运营成功的关键还在于建立了一套完善的风险控制机制：首先从源头上担保机构对项目的风险进行评估；其次担保机构也承担对项目风险的连带责任；最后融资平台设立

风险准备金制度。担保机构和政府信用的引入大大降低了融资平台的风险，使得风险控制在可控范围内。

（3）综合评价

浙江省中小企业融资平台是全国第一个和企业合作的融资平台，其融资平台的搭建有效地整合各主体的资源及优势，使得各主体之间相互配合、协调统一。这一做法通过政府扶持引导中小企业、增强中小企业的活力，进而推进中小企业的可持续发展。

5.1.6 四川省

（1）基本特征："N+1"模式

四川省不断地进行体制创新，形成了独特的"N+1"投融资模式，"1"为四川省联合控股发展公司，简称"四川发展"。四川发展由四川省人民政府出资建立，注册资本为800亿元，其整合22家省级企业为国有独资有限责任公司，成为省级政府搭建的综合性融资平台，其主要职能为筹集项目资金，对参股控股的专业投资公司进行投资，以及对资产进行经营管理。"N"为多个专业性的产业投资公司，如四川省铁路产业投资集团有限责任公司、四川省交通投资集团公司、水务投资集团有限责任公司、四川省能源投资集团有限责任公司等。四川省的"N+1"模式起到了充分发挥政府性资金的作用和乘数效应的责任，最大限度地发挥了融资平台在四川省重大项目建设中的作用。

（2）模式运作

四川省的融资平台建设主要是为四川省的基础设施建设服务，重点为交通、农业、能源、水务等领域服务。四川省联合控股发展公司作为综合性的融资平台对专业性的融资平台采取控股方式，其下有专业投资公司与非专业投资公司。专业投资公司下还可以成立专业的项目公司进行融资。到现在为止，四川省的融资平台的融资方式主要有银行信用贷款、项目搭桥贷款、并购贷款、信托贷款、专项融资、债权转让、企业债等。同时，融资平台也吸引信贷资金、民间资金进行基础设施建设。

（3）综合评价

与全国其他融资平台相比，四川省融资平台融资规模较低，但其在西部省份中居于前列。四川省融资平台通过综合性融资平台，整合当地优质资金及资源投入地方建设，对地方的经济发展起到了巨大的推动作用。与此同时，四川省融资平台在不断发展的过程中也出现了融资结构不合理，银行贷款比重过高，直接债务比重过小；主体不明确，行政色彩浓重；风险预警机制不健全，无法防范长期风险等问题。

5.1.7 湖南省

（1）基本特征：依托资源垄断优势撬动数倍信贷资金

2009年以来，在国家刺激经济复苏一系列政策牵引下，湖南省各级地方政府依托资源垄断优势和政府信用，纷纷建立了众多的融资平台，进行大量债务融资活动，用以进行交通、城建、水利等基础设施和公共事业项目建设。这一制度安排，一方面，使得政府能以较少的财政资金撬动数倍的信贷资金，巩固政策导向对银行盈利驱动的基础，有利于金融机构配合政府发挥在保增长、扩内需、惠民生等方面的重要作用；另一方面，以各级政府为背景的融资平台克服了信贷资金投入与经济发展需求在数量、渠道、方式等方面对接的难度，实现信贷资金快速、无障碍地流入政府支持项目，从而迅速贯彻落实中央和地方政府决策意图，进而提升投资的效果。

（2）模式运作

目前，湖南省各级政府融资平台主要有5种类型：一是公益性融资平台，负责公益性项目融资、建设、运营及还本付息，还贷资金主要来源财政收入，占到总数的12.9%；二是经营性融资平台，负责基础性项目融资、建设、营运及还本付息，还贷资金主要来源于土地升值和项目未来收费等，占到55.6%；三是综合性融资平台，兼具公益性和经营性平台特点，其公益性项目还贷资金主要来源于政府回购，而经营性项目还贷资金则主要来源于土地开发，占到6.8%；四是财政性融资平台，主要是通过向银行借款弥补财政收入暂时缺口，没有具体项目，占到10%；五是“转一贷”融资平台，负责将贷款转贷给项目，不参与项目建设、运营和还贷，平台仅承诺担保还贷，占到14.7%。这些融资平台通过各种不同形式，不同公司经营不同的业务，繁荣了湖南地方政府融资平台的顺利有效发展。

（3）综合评价

湖南省的浏阳市、耒阳市、茶陵县、湘乡市、武冈市等13个省直管县（市）已经启动政府融资平台的转型发展试点。试点县（市）通过加快转换政府融资平台的功能定位和发展方向，加强市场化运作和政府引导，以创新运营模式、融资模式，以积极推广PPP、基金合作、融资租赁、资产证券化等为着力点，通过政府性债务剥离，资产重组和股权结构调整优化，打造新型混合所有制市场主体，其发展成为国有资本投资运营的主体、PPP合作模式的政府授权载体，进一步提升其支持县域新型城镇化、基础设施建设、战略性新兴产业的现代化服务业发展的投融资能力，为县域经济社会持续健康发展提供有力支撑。

5.1.8 河南省

（1）基本特征：三级财政投融资制

河南省城市基础设施水平相对来说不高，因此急需建立地方政府融资平台来解决政府融资难题，以推动经济发展。该区域地方政府融资平台与国内发达省份地方政府融资平台相比，存在效率低下、注册资本金较低、项目收益过低、债务风险问题突出、治理结构不合理和监管不严等问题。河南省采用三级政府融资体制进行地方政府融资平台建设。整体上看，河南省省级融资平台有4个较为明显的特征：一是从投资领域看，主要分为综合性投资公司和专业性投资公司，单纯融资类平台较少；二是从股权结构看，大部分是国有独资；三是从平台性质上看，不全部是走市场化、实体化的道路；四是从治理结构看，省级融资平台有7家成立了董事会。

（2）模式运作

2009年河南省人民政府发布《关于推进地方政府投融资体系建设的指导意见》，提出要整合河南省“四资”，建立由政府资本注入、政府偿债、财力注入等方式的投融资机制。坚持投融资体系的政府主导与市场化运作相结合，坚持打破部门界限，坚持投融资体系的开放性等，积极吸收国内外先进的运营模式、管理方式和经营理念，提升河南省政府融资平台的运作效率。河南省建立以省级、市级、县级三个层次的投融资体系，而且各自功能定位有所不同：省级融资平台主要针对交通、能源、水利、环保、信息化、农业、科技、文化、教育卫生等方面进行宽领域的投资建设；市级政府融资平台主要负责城市建设、土地开发整理等方面的投融资；县级融资平台主要围绕产业集聚区建设和中小企业的发展建立。

5.1.9 福建省

福建省投资开发集团有限责任公司是福建省属大型国有独资集团公司，于2009年4月由福建投资开发总公司（中闽公司）、福建投资企业集团公司（华福公司）等7家省属企业合并重组设立，为福建省首家主体信用评级达AAA的省属国有企业。截至2015年年末，资产总额1008亿元，所有者权益总额471亿元，资产负债率53.32%，2015年实现利润总额20.74亿元，净利润20.23亿元。

福建投资集团以建设福建、服务福建为宗旨，以实业与金融投资为主业，采用双轮互动、共促发展的特有经营模式，主要从事基础设施、基础产业及金融服务业的股权投资、经营管理和资本运作。业务范围涵盖电力、燃气、水务、铁路、工业投资建设、开发区建设和运营管理任务，同时积极介入银行、证券、保险、产业基金、信托、创业投资、担保、再担保、融资租赁、典当、小额贷款、招投标、拍卖、金融不良资产收购处置以及福建省人民政府确定的重点产业投资等诸多领域。福建投资集团下设115家全资、控股子公司和40余个主要参股公司，旗下拥有中闽能源和闽信集团两家上市公司，并在中国台湾设立了台湾闽投经济发展股份有限公司。目前，该公司在实业投资项目方面，大力发展福州及以北地区风电项目，积极探索参与国家级沿海经济开发区、沿海油气储备中转基地等的合作项目；在金融及金融服务业投资项目方面，加大对银行、证券信托的投入，开展中小企业信用再担保业务，积极支持福建中小企业和高新企业发展。

5.1.10 湖北省

湖北省的融资平台实施战略也是采取政府引导、市场化运作的方式。湖北省联合发展投资集团有限公司于2008年9月正式成立，作为省政府直属的国有大型控股公司，联投集团是由联投控股和武汉城市圈的九市国资委为主要出资人，武汉钢铁集团、东风汽车公司、中国长江三峡集团公司、中国三江航天工业集团公司、葛洲坝集团股份有限公司、湖北省烟草专卖局（公司）等9家大型中央企业为股东。这样的运作模式可以降低运作风险，扩大风险掌控能力。

成立以来，联投集团立志成为湖北乃至中国的“淡马锡”，积极发挥省、市共享融资平台作用，推动一批“两型”社会建设重点项目。截至2016年年底，集团资产规模近2000亿元，带动社会投资上千亿元。公司拥有25家出资公司，企业员工总数达10000余名。目前初步形成交通基础设施投资运营、新型城镇化建设、房地产综合开发、以东湖高新为依托的实体产业经济和金融服务板块等“五大支柱”产业格局，集团整体实力稳步提升。

5.2 地市级地方政府融资平台典型模式

5.2.1 云南省昆明市

(1) 基本特征：财政、土储、昆发展三大资金池的联动机制

昆明市是典型以交通为依赖的城市，搭建融资平台来加强城市基础设施建设是推动地方经济发展的重要条件。昆明市最早的融资平台成立于1992年，至今已形成昆明市国有资产管理运营有限公司、昆明市城建投资开发公司、昆明市交通投资有限责任公司等12家专业性的融资平台与综合性融资平台。2008年，昆明市出台了《昆明市关于加快推进市属投融资公司改革发展的实施方案》等一系列改革的方案，明确融资平台市场化的主体地位、拓宽融资渠道、扩大资金来源，一改政府作为最后兜底人的局面，形成政府作为引导人进行决策、监管，投融资公司负责项目投资、建设、偿债的模式。2010年，昆明市对融资平台进行高度整合与统筹，构建昆明发展投资集团有限公司、轨道交通投资有限公司、土地储备中心三大市级集团化、专业化、扁平化的投融资主体。2010年6月，昆明市开始对公共财政拨款、土地注入或资产设立的综合性投资公司以及行业性的投资公司进行清理审核分类管理。对于依靠财政的公益性项目，投融资公司落实债务后进行妥善处理；对于还承担建设运营的公司不保留融资功能；对于依靠自身稳定收益经营的融资平台进行充实完善，并通过市场手段引进资金，实现商业化运作。

（2）模式运作

昆明市融资平台在融资的过程中主要通过银行融资。截至 2015 年，融资余额中银行贷款约占 77.2%。除争取到银行贷款强有力的支持外，还发展了 BT、BOT、企业债、融资租赁、信托、委托借款、土地基金、城市公共设施特许经营权等多种直接融资形式。在政府注入融资平台公司的资源中，土地是最重要的，也是维持融资平台正常运转的最重要保证。为满足资金流转需要，昆明建立了财政、土储、昆发展三大资金池的联动机制，构成独特的“昆明模式”，融资平台对土地进行统一管理和建设，当达到一定建设条件时，由土地机构进行市场交易，交易获得的收益作为债务偿还的资金。当偿债资金出现缺口时，由财政进行偿还，但这种寄希望于未来土地增值收益的模式存在一定的风险。

（3）综合评价

多年以来，昆明市以发展的眼光一直走在投融资体制改革的前列，并且多次改革使昆明市投资平台不断地壮大。与此同时，融资平台仍然面临许多问题：昆明市融资平台数量较多但注册资本较少，规模较小、效益不佳；融资渠道单一，银行贷款资金为融资资金主要来源；债务偿还问题严重，到期偿还债务风险大；等等。

5.2.2 贵州省贵阳市

（1）基本特征：整合资源，搭建十大融资平台

贵阳市融资平台起步比较晚，2002 年通过成立市国有资产投资管理公司作为融资平台来解决当地的基础设施建设等问题。随着地方政府融资平台发展，问题不断涌现，尤其是地方政府担保问题严重。2009 年，贵阳市挂牌成立贵阳公投集团、旅文集团、城投集团、水利交通发展投资集团、金阳集团、住投集团、轨道公司、铁路公司、工商管理公司、阳光交易所等 10 家政府融资平台公司，其均以现代公司模式组建。2011 年贵阳市又成立地产集团与农业担保公司两家地方融资平台。

（2）模式运作

贵阳市地方融资平台与全国大多数融资平台类似，基本上是投资于城市基础设施建设以及涉及民生的领域。多年以来，贵阳市的融资平台资金来源主要以传

统的银行信贷为主。近年来，地方融资平台也不断尝试通过信托融资、发行债券以及项目融资等方式进行融资，但其均属于次要融资手段。贵阳市还积极响应加快建设生态文明城市的建设需求，自主经营、自筹还贷、自负盈亏，形成“借、用、还”一体化的市场主体。

（3）综合评价

贵阳市融资平台的建设有效地满足了当地城市基础建设及公共物品的需求。但地方政府融资平台融资渠道单一，仍以银行信贷为主，面临融资难的问题；随着中央政府不断地整顿与规范融资平台，贵阳市地方政府融资难度将不断加大，面临资金瓶颈问题；贵阳市地方政府融资平台普遍质量不高、能力弱；缺少综合性的融资平台作为支撑。

5.2.3 江苏省苏州市

（1）基本特征：政府主导、银行信贷

苏州市地方政府融资平台主要是由地方政府拨款或政府注入资本成立。截至2013年年底，苏州市地方政府融资平台的注册资金为55.8亿元。目前，苏州市地方融资平台已有18家，其中有4家为政府控股，主要有苏州城投公司、市级公路融资平台、电力投资公司等。城投公司主要是整合苏州市的各类资源、资产，管理经营各类资产。其他市级融资平台依托相应的政府部门对相应的公共领域进行建设。

（2）模式运作

苏州市地方政府融资平台融资渠道主要为银行信贷。项目建设的具体流程包括：首先，项目公司向财政部门提出项目计划及相应的信贷资金需求量。其次，在项目报告通过后，地方政府以政府信誉对融资平台进行担保，银行根据项目情况和融资平台资产对其进行严格的审核。这样，融资平台就可筹措到相应的建设项目资金以进行项目建设。最后，项目建成后按照先前规定对项目债务进行偿还。苏州市融资平台主要通过财政资金、项目收益、土地增值收益等手段进行债务偿还，其中项目收益约占还款债务的一半以上。苏州市地方政府融资平台发展与全国大多数融资平台一样，依赖政府财政、通过银行信贷融资。通常情况下，这种传统的融资模式面临巨大的债务风险。

（3）综合评价

苏州市融资平台的搭建加快了城市建设步伐、改善了民生，这一点是毋庸置疑的。但是发展过程中也出现了融资平台资本金不足，在向银行借贷时出现多头授信、搭桥贷款以及虚假证明等现象；治理结构不完善，融资平台债务主体不明、政企不分；融资渠道单一、主要以银行信贷为主。

5.2.4 河北省邯郸市

（1）基本特征："融—用—还—管"一体化

为积极响应河北省"三年大变样"的战略部署，邯郸市需要筹集大量的建设资金进行市政建设。但邯郸市为地级市，其财政资金很难满足当地建设发展的需要。面对巨大的资金瓶颈，邯郸市政府改革融资体制，确立"决策、融资、平台"为一体的融资管理模式，其中主要是由决策委员会决策，决策委员会成员由市政领导担任，独立于各部门之上，对融资项目进行统一规划，统一审核。监管方面由委员会办公室监管，确保融资平台安全、有效地运行。邯郸市融资平台主要有城投公司、汉正公司、交投公司、水投公司、建投公司等五大融资平台。

（2）模式运作

具体模式运作如下：决策委员会负责对投资项目进行审批，委员会办公室对融资额度、经营效益、资产保值增值进行考核。在源头上，邯郸市根据具体项目的规模和年限限定融资的额度，对每一个程序都进行严格审批，在项目进行的过程中加强对项目预算评审，并且对资金用途进行严格监管。为了防范债务风险，邯郸市建立了严格的"融—用—还—管"一体化的投融资管理模式。本着"谁借、谁受益、谁还"的原则，对每一笔政府债务都明确偿债责任。与此同时，建立动态管理的风险预警机制，确保政府的债务在可控范围之内。为保证资金来源持续、可靠，建立了以融资平台营利性项目为主、政府偿债基金为补充的政府投融资项目偿债机制。设立市级政府偿债专项基金作为政府投融资项目的补助还款来源和支持融资平台发展的资本金投入。偿债基金的来源具体包括：市级国有土地使用权出让金收入的20%；市级城建税收入的10%；与城市基础设施相关的资产转让收入、特许经营权转让收入；其他可用于政府债务还本付息的收入。

（3）综合评价

邯郸市政府融资平台不同于国内其他地方的融资平台，政府参与整个决策、监管与管理，以这样的方式解决了“多头管理、多头授信”的问题，大大提高了效率。虽然邯郸市一直积极探索多渠道融资，但与其他地方融资平台一样，都是以银行贷款为主要的融资方式。地方政府授予融资平台收储和一级市场土地开发权。这种过度依赖土地进行融资的方式存在一定的风险。邯郸市对融资平台管理体制的不断创新和对风险的有效控制、预警是值得借鉴的宝贵经验。

5.3 区县级地方政府融资平台典型模式

5.3.1 四川省成都市龙泉驿区

（1）基本特征：政府担保、信托融资

龙泉驿区属于四川省成都市东部管辖区，是成都市城市规划中向东发展的主体区域，是成都经济技术开发区所在地，也是成都市汽车产业综合功能区。从2000年起，龙泉驿区分别组建了建发公司、国投公司、区农投公司、公投公司、现代公投公司、城投公司等6家融资平台，分别负责龙泉驿区基础设施建设、重大民生工程建设、农业投资、工业开发等方面建设。2012年，为满足成都经济技术开发区建设的需求，龙泉驿区成立成都经济技术开发区建设发展有限公司，其与龙泉驿区国投公司一起成为龙泉驿区的主要融资平台。该公司通过发行债券进行融资，但其他融资平台基本上是采用信托方式进行融资。

（2）模式运作

龙泉驿区融资平台资金来源主要是政府资金注入，也通过银行信贷、发行债券、发行理财产品以及项目融资（BT、BOT）方式融资，吸引民间资金进入融资平台以扩大资金来源。其中最主要的方式是凭政府的信用加上土地等资产作为抵押，向国有银行和商业银行贷款以及发行各种理财产品以获取资金，理财产品中最主要的为信托融资。通过受让平台公司对龙泉驿区政府的应收债务，平台将募集的资金用于项目建设或公司本身的资金运转，而龙泉驿区政府以财政预算作为还款保证。偿还债务的资金主要有土地拍卖收入、项目收益、专项资金、发新债还旧债等。

(3) 综合评价

龙泉驿区融资平台在基础设施建设、公用事业的建设方面发挥了积极作用，同时也改变了龙泉驿区的城市面貌。但由于缺乏良好的偿债机制，龙泉驿区出现债务危机，同时也因疏于管理，出现地方政府违规担保、建设资金违规使用等不良现象。

5.3.2 山东省烟台市芝罘区

(1) 基本特征：政府主导、土地抵押

芝罘区一直以来是烟台市中心区，但芝罘区为老城区，城市基础设施落后，不适应新时代城市建设的步伐。在4万亿元投资大潮中，芝罘区开始搭建融资平台。2009年，芝罘区搭建了烟台市芝罘区城市建设发展有限公司与芝罘区资产经营有限公司。烟台市芝罘区城市建设发展有限公司代表政府对基础项目建设进行融资、指导，但不参与项目的具体建设。芝罘区资产经营有限公司则作为城市发展有限公司的载体为城市建设发展有限公司出资。两家融资平台均实行公司化运作，按照“政府统管、专门储存、封闭运行”的原则运作。不久后，以两家融资平台为基础的芝罘区投融资公司成立，为芝罘区重点基础设施项目建设不断融资。

(2) 模式运作

芝罘区融资平台起步比较晚，融资模式比较单一。烟台市芝罘区城市建设发展有限公司以土地抵押和向国家开发银行贷款为主要的融资方式。以土地抵押方式进行融资主要是将大量的土地资产注入融资平台中，并以土地抵押贷款的方式向银行等金融机构融资，利用其他市场手段进行融资的方式很少，没有摆脱吃财政饭的状况。这种传统的方式能短期内融到大量建设资金进行重点基础设施项目建设，但缺乏良好的资产流动机制，其负债率高。

(3) 综合评价

现阶段芝罘区融资平台的建设比较单一落后，主要是以资源为依托向银行融资。这种方式有悖于可持续发展的理念，面临着还本付息的巨大债务压力。

5.3.3 江苏省常州市武进高新区

（1）基本特征：投、融、建、管“四分离”

武进高新区融资平台起步相对较晚，其最大的融资平台为武进高新控股集团，成立于2010年，为国有性质的有限责任公司，注册资本为10亿元，主要承担与民生相关的基础设施建设项目。作为母公司主要承担对子公司的资本管理，项目监督、风险控制等职能。

（2）模式运作

武进高新区投融资领域主要为道路、安置房、重大项目建设，除了对基础建设领域的投资外，武进高新区还以发展的眼光投资于当地的科技、环保以及服务业等领域。其融资平台的融资来源主要有三种方式：第一种是财政直接投入，这是武进高新区最主要的融资渠道，财政资金对于项目的启动起到重要作用；第二种是土地出让收益；第三种也是近些年来武进高新区积极尝试的项目合作方式，主要采取的模式有BOT、BT、TOT等项目融资方式。高新控股集团对资金进行统一管理和运作，大大提高了资金使用效率，同时建立一套投融资风险控制与预警机制，通过相应的项目评价机制来规范企业的投融资行为，提高融资平台抗风险能力。

（3）综合评价

武进高新区属于常州市较发达的区域之一，但其融资平台仍面临注册资金少、规模小、实力弱、负债率高等问题。现有融资平台的发展很难满足当地建设发展的需要。主要表现在以下几个方面：财政资金有限，融资平台缺少支柱性产业支撑；主要是以社会效益为重点的项目，营利性差，并没有完全进入市场；其市政建设远远没有达到市场化运作的模式要求。

5.4 小结

通过梳理以上省级政府融资平台模式（包含自治县、直辖市、计划单列市）、市级政府融资平台模式、区县级政府融资平台模式，从总体上可以看出，行政级别高的地方融资平台起步较早、模式相对成熟，区县级政府融资平台普遍存在规

和规划发生变动，都有可能影响融资平台的贷款偿还能力。

以土地政策为例。目前地方政府融资平台的重要担保措施之一是土地使用权抵押，这种抵押担保存在诸多致命伤。一方面，利用土地使用权抵押贷款，要求抵押土地手续齐全，符合贷款审批要求，但在实际操作中有的抵押土地甚至尚未获取相关部门的批文；另一方面，根据国家规定，土地出让金收入实行收支两条线的模式，土地出让金收入不能直接用于偿还贷款，这说明土地使用权抵押贷款在本质上是虚置的，无法真正保证贷款的安全性。此外，一旦国家土地政策发生改变，或者在现有基础上提出更加严格的要求，地方政府按照中央政策或规章制度处置贷款事宜，则地方政府融资平台可能无法续贷而引发债务风险。

再以信贷政策为例。如果国家出于管理通胀预期和调整经济结构的目的考虑，对我国的宏观经济政策进行调整，并做出回收流动性、限制信贷规模的决策，那么地方政府将无法轻易地从金融机构融得到以往规模的资金，从而引发地方财政风险。而这种资金紧张的局面，也将直接导致地方政府融资平台出现资金紧张、形成债务风险。

对比地方政府融资平台债务风险发生机理可知，微观领域地方政府融资平台自身因素是内因，发挥着根本性的作用，无论国家宏观政策如何、地方政府运行如何，只要融资平台自身经营不善，都会直接发生债务风险；而国家宏观政策和地方政府运行则是外因，会影响地方政府融资平台的运行及其债务风险的积累。

6.1.2 中观发生原因

融资平台与当地政府紧密相关，从设立、融资、投资到偿债等都受地方政府调控。因此，研究地方政府融资平台债务风险的中观发生机理，重点要研究来自地方政府经济运行状况带来的影响，需要从“收入”和“支出”两个层面来分析。

地方政府的“收入”，主要是地方政府本级财政收入、来自上级政府的转移支付与税收返还，以及地方政府性基金收入。地方政府本级财政收入直接反映地方经济运行情况，而上级转移支付和税收返还部分，也与地方经济发展水平密切相关，尤其是税收返还部分的基础取决于地方经济状况。地方政府性基金收入部分，主要是与土地出让金收入紧密相关，根据审计部门数据可知，土地出让金的相关收入已经占地方政府性基金收入的八成以上。一旦地方经济运行出现波动，土地出让金收入下降，将直接影响地方政府的财力，引发地方财政危机，进而导致地方政府融资平台发生债务风险。

地方政府的“支出”层面，除了地方政府年度财政支出计划之外，重点影响因素是地方政府债务状况。如果地方政府债务规模过大，还本付息压力增加，就会降低对地方政府融资平台的支持力度。同时，地方政府债务也会影响其融资渠道的开拓，当前地方政府主要以银行贷款为主要渠道。根据2011年审计署公告，2010年年底，在全国地方政府性债务资金来源中，银行贷款占比高达79.01%。2013年的审计结果则显示，在2012年年底债务资金来源中，银行贷款占比78.07%，银行仍是债务资金的主要来源。一旦地方政府债务出现风险，银行贷款这一渠道收窄，则地方政府融资平台将得不到足够的资金持续经营，从而引发风险。

除了地方政府的收入和支出层面之外，地方政府的经济政策和制度也会影响融资平台的债务风险。以担保政策为例，由于地方政府融资平台融资主要以政府信用和地方财政作为担保，如果地方政府改变政策，限制对融资平台提供担保，将会直接收缩融资平台的融资渠道，使融资平台发生债务风险。地方政府在土地供给、财政支持力度、税收优惠政策等方面的政策改变，也会影响地方政府融资平台的债务风险。

6.1.3 微观发生原因

地方政府融资平台债务风险的微观发生机理主要来自融资平台自身，其中重点需要考虑地方政府融资平台的资金流情况、内部治理情况、信用情况等。每一种因素又包含若干具体变量，这些变量相互之间达到平衡状态，可以保证地方政府融资平台债务风险处于可控范围，一旦某一项偏离过大，则会引发债务风险。

地方政府融资平台的资金流情况，包括通过经营活动、投资活动和筹资活动形成的收入、支出、负债、外部补贴情况等变量。①地方政府融资平台的收入。作为融资工具，融资平台除了营业收入、经营状况之外，重点是需要从银行等金融机构融资，因而其融资能力的大小，也是需要重点考虑的变量。融资平台的营业收入和经营状况，直接决定着其债务负担的大小，而这些又与产品需求、产品

法做出有效判断时，传统的银行风险管理措施落空，就很容易产生债务风险。一旦政府无力偿还债务，则会形成银行不良资产。

此外，银行借贷资金大多投向中长期基础设施建设项目，周期长、数额大。当地方政府融资平台获得前期贷款并投入建设之后，再次向银行借贷时，银行为了避免前期发放的贷款成为不良贷款，势必会再次放款并将资金集中到已开工项目上，从而形成一种“绑架”银行的现象。而对银行来说，由于银行自身独立性不足，在对融资平台贷款时，受当地政府的影响，没有落实借款人准入条件，审批程序存在问题，没有真正评估借款者的财务能力和还款来源，对融资平台信贷管理缺失，也会导致金融风险的出现。

（3）实体经济传导路径

地方政府融资平台从银行等金融机构融资后，一般会直接或者通过子公司投向实体经济，包括市政建设、农林水利、交通运输、生态建设等建设项目。一旦融资平台出现债务风险，将会直接把风险传导给各建设项目，引发实体经济风险。地方政府融资平台投资项目大多属于非经营性、准经营性项目，比如城市道路、文化广场、环境整治等，这些项目的共同特性是投资建设周期长、回报期也长。当地方政府融资平台出现风险、资金链断裂时，如果投资项目已经完成，无法从项目中及时得到回报，因而难以依靠投资项目化解风险；如果投资项目尚未完成，则后续资金仍会给融资平台带来极大压力。假如融资平台无法继续提供资金支持，则项目将无法按期完成，给项目建设带来风险，前期资金很有可能难以收回，并有可能进一步扩大，给实体经济带来风险。

因此，地方政府融资平台债务风险、地方政府债务风险、金融风险和实体经济风险是互通的，一旦风险格局形成，则风险之间会相互影响、相互传递。如果这些风险之间相互叠加，后果不堪设想。

第7章 安徽省地方政府融资平台债务风险趋势测算

7.1 安徽省地方政府债务规模的现状分析

审计署公布的全国政府性债务审计结果显示，截至2013年6月，7170个政府融资平台公司作为举债主体的负债中，政府负有偿还责任的债务、负有担保责任的债务、政府可能承担一定救助责任的债务，三项合计达到6.97万亿元。审计署于2013年8月至9月对安徽省本级及所属16个市、105个县（市、区）、1257个乡（镇）（以下分别简称省级、市级、县级、乡镇）的政府性债务情况进行了全面审计。

如表7-1所列，从举借主体看，融资平台公司、政府部门和机构、经费补助事业单位是政府负有偿还责任债务的主要举借主体，分别举借1460.48亿元、1059.17亿元、267.17亿元。举债主体是融资平台公司时，政府负有偿还责任的债务1460.48亿元，占比47.46%；政府负有担保责任的债务412.87亿元，占比68.67%；政府可能承担一定救助责任的债务1333.38亿元，占比82.37%。融资平台是安徽省地方政府性债务最主要的举债主体。

表7-1 2013年6月底安徽省政府性债务余额举借主体情况 单位：亿元

举债主体类别	政府负有偿还责任的债务	政府或有债务	
		政府负有担保责任的债务	政府可能承担一定救助责任的债务
融资平台公司	1460.48	412.87	1333.38
政府部门和机构	1059.17	100.11	0.00

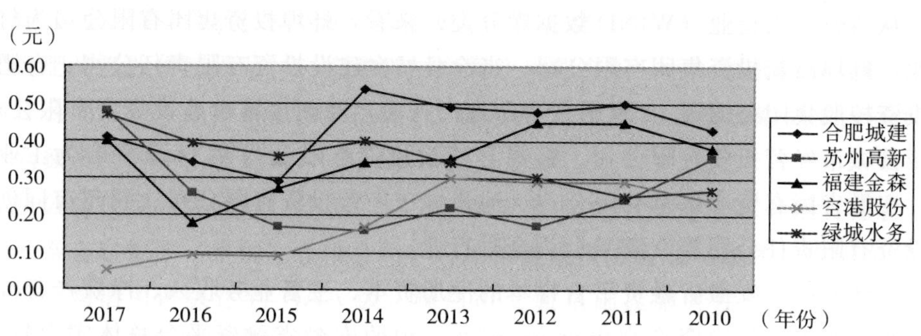

图 7-1　2010—2017 年合肥城建与其他上市平台公司的基本每股收益比较

7-2所示。可以发现，合肥城建的归属净利润分别为 1.38 亿元、1.61 亿元、1.54 亿元、1.58 亿元、1.73 亿元、0.92 亿元、1.09 亿元、1.33 亿元，总体来看，前五年呈现逐步上升的态势，略高于平均水平，但是后三年低于平均水平 1.16、1.52 和 2.32，明显低于苏州高新和绿城水务，表明合肥城建的成长能力潜力不足，有待挖潜。

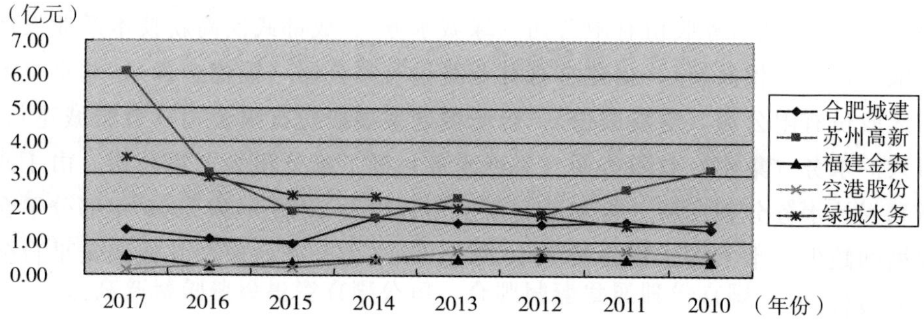

图 7-2　2010—2017 年合肥城建与其他上市平台公司的归属净利润比较

（3）净资产收益率分析

2010—2017 年各平台公司盈利能力指标中加权净资产收益率（%）数据如图 7-3 所示。可以发现，合肥城建的净资产收益率分别为 15.35%、15.77%、13.43%、12.34%、12.2%、6.02%、6.83%、7.87%，总体上呈现逐渐下降的趋势，但其他四家平台公司的加权净资产收益率也是逐年下降的，近七年合肥城建加权净资产收益率仍然高于平均水平，表明其盈利能力总体上尚可。

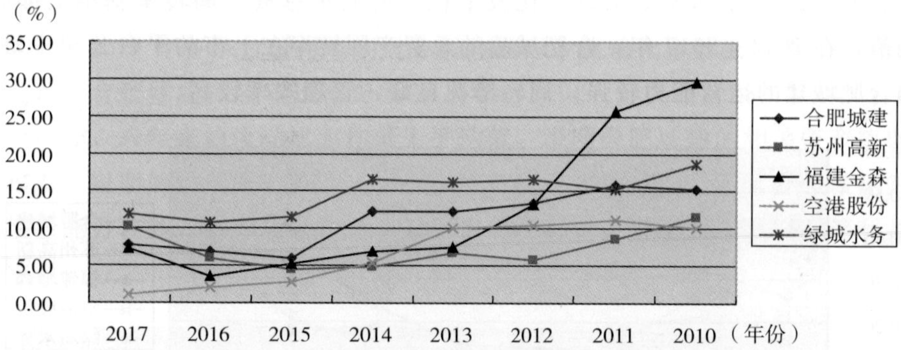

图 7-3　2010—2017 年合肥城建与其他上市平台公司的加权净资产收益率比较

（4）经营现金流/营业收入分析

2010—2017 年各平台公司盈利质量指标中经营现金流/营业收入数据如图 7-4所示。可以发现，合肥城建的经营现金流/营业收入指标值分别为－1.02、0.09、－0.01、0.22、－0.27、0.26、－0.14、－0.02，总体上经营现金流质量不够理想，由于除了绿城水务的盈利质量表现优异外，其他四家平台公司也表现不佳，合肥城建的经营现金流/营业收入指标值会隔年高于平均值，最近两年表现不理想。

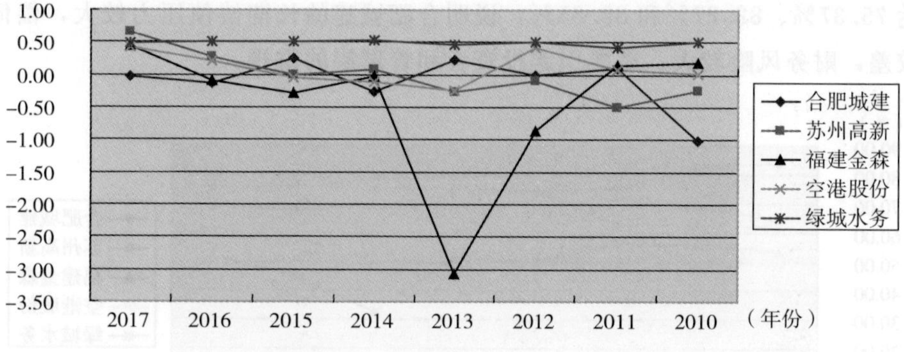

图 7-4　2010—2017 年合肥城建与其他上市平台公司的经营现金流/营业收入比较

（5）总资产周转率分析

2010—2017 年各平台公司运营能力指标中总资产周转率（次）数据如图 7-5所示。可以发现，合肥城建的总资产周转率分别为 0.32、0.34、0.33、

据，具体情况如表 8-3 所列。

表 8-3　2013 年与 2015 年安徽省债务风险评估基础数据　　单位：%

代码	风险指标	2013 年	2015 年
A_1	国家 GDP 增长率	7.67	6.90
A_2	全社会固定资产投资增长率	19.11	9.76
A_3	全国通货膨胀率	2.6	1.4
B_1	安徽省地区 GDP 增长率	11.72	8.70
B_2	安徽省地方财政总收入增长率	11.20	9.53
B_3	安徽省地方财政自给率	45.26	46.85
B_4	安徽省地区固定资产投资增长率	20.72	11.48
B_5	安徽省地方政府负债率	17.88	23.16
B_6	安徽省地方政府债务率	52.96	62.4
B_7	安徽省地方政府债务偿还率	15.44*	13.07*
B_8	安徽省地方政府债务逾期率	0.52*	0.28*
B_9	安徽省土地出让金增长率	90.61	−13.33
C_1	安徽省融资平台综合资产负债率	58.45	42.16
C_2	安徽省融资平台综合净资产收益率	3.23	5.69
C_3	安徽省融资平台综合资产利润率	1.65	2.08
C_4	安徽省融资平台综合主营业务利润率	8.37	10.77
C_5	安徽省融资平台综合经营现金流量比率	36.84	45.29
C_6	安徽省融资平台综合投资收益率	7.46	9.55

注：带 * 数据为估算值。

8.2.2　安徽省地方政府融资平台债务风险权重计算

对安徽省地方政府融资平台的债务风险进行评估，核心是计算各指标权重。本书利用层次分析法确定各指标层和准则层的指标权重，并征求专家意见进行微调，以适应现实状况。风险评估权重的具体方法如下：

（1）构建递阶层次结构

递阶层次结构的设置决定后续研究工作的基本结构。根据安徽省具体情况，将递阶层次结构设置为目标层、准则层和指标层，如图 8-1 所示。

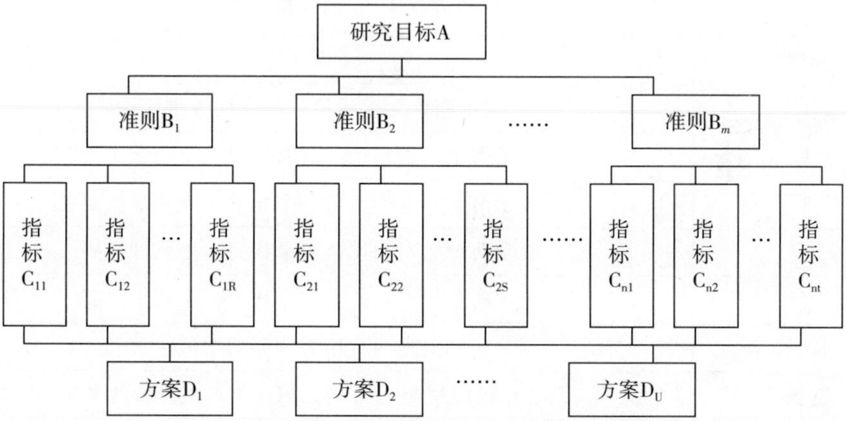

图 8-1 层次分析法递阶层次结构

（2）构造判断矩阵

为了比较各元素的相对重要性，需要构造两两比较的判断矩阵。以图 8-1 为例，在目标层 A 中，要对各准则层进行两两比较，就需要比较准则层 B_1 与准则层 B_2，准则层 B_1 与准则层 B_3，直到准则层 B_1 与准则层 B_m；再比较准则层 B_2 与准则层 B_3，准则层 B_2 与准则层 B_4，直到准则层 B_2 与准则层 B_m；以此类推，直到准则层 B_{m-1} 与准则层 B_m。通过两两比较，可以构造目标层内的判断矩阵。按照上述方式，同样可以构造各准则层内部各指标层相关指标的判断矩阵，如表 8-4 所列。

表 8-4 判断矩阵 *B*

$$\begin{bmatrix} b_{11} & b_{12} & \cdots & b_{1n} \\ b_{21} & b_{22} & \cdots & b_{2n} \\ \vdots & \vdots & & \vdots \\ b_{n1} & b_{n2} & \cdots & b_{nn} \end{bmatrix}$$

矩阵 b_{ij} 表示相对于研究目标 A 而言，B_i 和 B_j 的相对重要性。为了使决策判断得以量化，通常取值为 1～9 及其倒数作为标度方法，根据萨蒂和瓦加斯（Saaty and Vargas，2012）的观点，标度取值的具体含义如表 8 - 5 所列。

表 8 - 5　判断矩阵元素 b_{ij} 的标度方法

标度	含义
1	表示两个元素相比，具有同等重要性
3	表示两个元素相比，一个比另一个稍微重要
5	表示两个元素相比，一个比另一个明显重要
7	表示两个元素相比，一个比另一个强烈重要
9	表示两个元素相比，一个比另一个极端重要
2、4、6、8	上述两个相邻判断的中值
倒数	元素 i 与 j 比较的判断 b_{ij}，则元素 j 与 i 比较的判断 $b_{ji}=1/b_{ij}$

（3）计算判断矩阵的最大特征根和特征向量

利用判断矩阵 **B**，可以计算各方案层指标相对于准则层的重要性，以及准则层指标相对于目标层的重要性等。在数学语言上，可以归结为求解判断矩阵的特征根和特征向量。本书将利用归一化求和法来进行计算，具体方法如下.

① 对判断矩阵 **B** 进行归一化，得到归一化后的矩阵元素：

$$a_{ij}=b_{ij}\left[\sum_{1}^{n}b_{ij}\right]，其中，i，j=1，2，\cdots，n$$

② 将 $\boldsymbol{A}=(a_{ij})_{n\times n}$ 按行加总

③ 将上步骤所得的行和向量归一化，得到排序权重向量 $\boldsymbol{W}_i$：

$$\boldsymbol{W}_i=W_i/\left[\sum_{1}^{n}W_j\right]，其中，i，j=1，2，\cdots，n$$

④ 计算最大特征根 $\lambda_{\max}$：

$$\lambda_{\max}=\sum_{1}^{n}[(\boldsymbol{AW})_i/nW_i]$$

其中，$(AW)_i$ 表示第 AW 的第 i 个分量。

由于各种因素影响，判断矩阵会出现不一致的情况，因而需要对判断矩阵进行一致性检验。

(4) 对判断矩阵进行一致性检验

判断矩阵的一致性问题是层次分析法的核心。在得到矩阵最大特征根及其特征向量后，可以利用一致性指标等方法进行一致性检验。若一致性检验通过，特征向量即为权重向量；否则，需要重新构造判断矩阵。

萨蒂和瓦加斯(2012) 是通过引入一致性指标(CI) 来进行检验的。

$$CI = \frac{\lambda_{\max} - n}{n - 1}$$

其中，n 为矩阵维层次，$\lambda_{\max}$ 为矩阵最大特征根。

一般来说，$CI = 0$，则有完全的一致性；CI 接近于 0，则有满意的一致性；CI 越大，不一致程度越严重。

为了衡量 CI 的大小，检验判断矩阵是否具有满意的一致性，引入"随机一致性指标 RI"。萨蒂教授将 RI 的取值定义为表 8-6。

表 8-6　随机一致性指标 RI

阶数：	1	2	3	4	5	6	7	8	9	10
RI	0	0	0.58	0.90	1.12	1.24	1.32	1.41	1.45	1.49

定义一致性比率 $CR = CI/RI$。当 $CR < 0.10$ 时，认为不一致程度在容许范围之内，即有满意的一致性，通过一致性检验。否则，重新构造判断矩阵。

(5) 风险权重计算结果

根据分层模糊评估模型的研究方法，重点利用层次分析法的权重计算方式，研究地方政府融资平台各评价指标的权重。为了能够更加真实地反映指标权重，本书在最终确定指标权重时，也借鉴了专家调查法（EIM）的方式，利用专家学者和融资平台从业者的知识、经验和技能，对指标权重进行微调，使准则层和指标层各相关指标的具体权重值能够更加科学合理地呈现地方政府融资平台债务的实际状况。计算结果如表 8-7 所列。

表 8－7　安徽省地方政府融资平台债务风险评估准则层和指标层权重值

代码	准则层	权重	代码	风险指标	权重
A	全国宏观经济运行状况	0.2866	A_1	国家 GDP 增长率	0.5179
			A_2	全社会固定资产投资增长率	0.2603
			A_3	全国通货膨胀率	0.2218
B	安徽省经济运行状况	0.3212	B_1	安徽省地区 GDP 增长率	0.1327
			B_2	安徽省地方财政总收入增长率	0.1150
			B_3	安徽省地方财政自给率	0.1113
			B_4	安徽省地区固定资产投资增长率	0.1006
			B_5	安徽省地方政府负债率	0.1252
			B_6	安徽省地方政府债务率	0.1047
			B_7	安徽省地方政府债务偿还率	0.1101
			B_8	安徽省地方政府债务逾期率	0.1076
			B_9	安徽省土地出让金增长率	0.0928
C	安徽省地方政府融资平台运行状况	0.3922	C_1	安徽省融资平台综合资产负债率	0.2003
			C_2	安徽省融资平台综合净资产收益率	0.1799
			C_3	安徽省融资平台综合资产利润率	0.1542
			C_4	安徽省融资平台综合主营业务利润率	0.1680
			C_5	安徽省融资平台综合经营现金流量比率	0.1437
			C_6	安徽省融资平台综合投资收益率	0.1539

8.2.3　安徽省地方政府融资平台债务风险的评估结果

在确定各准则层和指标层的权重之后，就可以利用基础数据，并根据安徽省地方政府融资平台的实地调研数据，逐步计算其 2013 年和 2015 年的综合评估值。

对数据进行归一化，并利用地方政府融资平台债务风险分层模糊，评估公式：

$$\varphi = RoR_i = (W \cdot M) o (W_i \cdot M_i)$$

$$\left\{W_i,\ W_2,\ \cdots,\ W_n \cdot \begin{bmatrix} m_{11} m_{12} m_{13} m_{14} \\ m_{21} m_{22} m_{23} m_{24} \\ \vdots \\ m_{n1} m_{n2} m_{n3} m_{n4} \end{bmatrix}\right\} o \left\{w_i,\ w_2,\ \cdots,\ w_n \cdot \begin{bmatrix} m_{11} m_{12} m_{13} m_{14} \\ m_{21} m_{22} m_{23} m_{24} \\ \vdots \\ m_{n1} m_{n2} m_{n3} m_{n4} \end{bmatrix}\right\}$$

$$=(R_1,\ R_2,\ R_3,\ R_4)\,o\,(R_{i1},\ R_{i2},\ R_{i3},\ R_{i4})$$

根据取最大隶属度原则，计算风险评估结果如表 8－8 所列。

表 8－8　2013 年和 2015 年安徽省地方政府融资平台债务风险评估指标体系数据汇总

评估代码及其权重				评估对象、评估等级及评语比例							
代码	权重	代码	权重	2013 年				2015 年			
				V_1	V_2	V_3	V_4	V_1	V_2	V_3	V_4
A	0.2866	A_1	0.5179	1/15	1/3	3/5	0	2/15	7/15	2/5	0
		A_2	0.2603	1/15	7/15	2/5	1/15	1/5	8/15	4/15	0
		A_3	0.2218	2/15	1/5	2/3	0	2/15	1/5	3/5	1/15
B	0.3212	B_1	0.1327	1/15	2/5	8/15	0	1/3	8/15	2/15	0
		B_2	0.1150	0	1/15	11/15	1/5	1/15	1/5	11/15	0
		B_3	0.1113	1/15	2/15	4/5	0	1/5	1/5	3/5	0
		B_4	0.1006	0	1/3	2/3	0	1/5	7/15	1/3	0
		B_5	0.1252	0	4/15	8/15	1/5	0	4/15	8/15	1/5
		B_6	0.1047	1/15	1/5	11/15	0	1/15	1/5	11/15	0
		B_7	0.1101	0	1/5	3/5	1/5	0	1/3	8/15	2/15
		B_8	0.1076	2/15	7/15	2/5	0	2/15	7/15	2/5	0
		B_9	0.0928	2/15	2/5	7/15	0	1/3	7/15	1/5	0
C	0.3922	C_1	0.2003	1/15	8/15	2/5	0	0	2/15	2/3	1/5
		C_2	0.1799	1/15	8/15	2/5	0	2/15	8/15	1/3	0
		C_3	0.1542	0	1/5	11/15	1/15	0	1/3	2/3	0
		C_4	0.1680	0	7/15	8/15	0	0	8/15	7/15	0
		C_5	0.1437	1/15	4/15	7/15	1/5	1/5	1/3	1/3	2/15
		C_6	0.1539	2/15	1/3	2/5	2/15	1/5	2/5	1/3	1/15

本书选取预警指标遵循如下原则：①科学性。预警指标体系必须科学设置，才能准确反映地方政府融资平台的债务风险状况，并通过指标体系表达出来。②可得性。设置预警指标体系关键在于能够通过数据帮助预警，所以数据的可得性至关重要，如果不能及时准确地获得相关数据，则无法对预警体系起到帮助作用。③系统性。对于预警指标体系而言，每一个指标都是针对问题的一个方面，而所有指标综合起来则构成一个系统，能够全面反映地方政府融资平台的债务风险。④简洁性。地方政府融资平台债务的预警指标多而杂，设置时以简洁实用为主，选择主要指标。⑤动态性。地方政府融资平台的资产和负债情况在不断变动，整个经济环境也在不断发展，因而预警指标体系需要能够反映出地方政府融资平台债务的动态风险趋势。

基于上述原则，本书确定三个子系统 18 个风险预警指标，这三个子系统包括：子系统 A 是反映全国宏观经济运行状况的指标，包括国家 GDP 增长率（A_1）、全社会固定资产投资增长率（A_2）、全国通货膨胀率（A_3）；子系统 B 是反映地方政府经济运行状况的指标，包括地区 GDP 增长率（B_1）、地方财政总收入增长率（B_2）、地方财政自给率（B_3）、地区固定资产投资增长率（B_4）、地方政府负债率（B_5）、地方政府债务率（B_6）、地方政府债务偿还率（B_7）、地方政府债务逾期率（B_8）、土地出让金增长率（B_9）；子系统 C 是反映地方政府融资平台运行状况的指标，包括融资平台综合资产负债率（C_1）、融资平台综合净资产收益率（C_2）、融资平台综合资产利润率（C_3）、融资平台综合主营业务利润率（C_4）、融资平台综合经营现金流量比率（C_5）、融资平台综合投资收益率（C_6）。

需要说明的是：第一，为了避免主观因素和难以量化指标给债务风险预警系统可能带来的负面影响，指标体系尽可能以定量指标为主；第二，地方政府融资平台的债务风险，与未来经济增长形势紧密相关，经济增长带动的财政、土地、房地产等领域的发展情况，将在很大程度上影响融资平台的债务风险，在风险预警指标中除了地方政府融资平台各指标外，宏观经济运行情况和地方政府经济运行情况的子指标权重也至关重要；第三，在具体研究过程中，由于统计数据的缺陷，某些指标可能无法直接获取。在此情况下需要利用替代指标，以提高风险预警的精度和效度。

9.1.2 预警界限设置

（1）国家 GDP 增长率（A_1）

国内生产总值（GDP）的增长情况是宏观经济的重要观测指标，也是影响地方政府融资平台公司盈利能力和偿债能力的关键因素。适度的 GDP 增长率能够有效降低地方政府融资平台的系统风险；反之，地方政府融资平台的系统风险将会增大。GDP 增长率＝（本期 GDP－上期 GDP）/上期 GDP×100%，最近几年，我国 GDP 增长率有所放缓，但都超过 6.9%，国民经济运行总体平稳、稳中有进，综合国内外学者的研究成果，本书将 GDP 增速安全点设为 6.5%，增加幅度为 1.5 个百分点。

（2）全社会固定资产投资增长率（A_2）

全社会固定资产投资率是反映固定资产投资规模、速度、比例关系和使用方向的综合性指标，一定程度反映了财政投资的效率。全社会固定资产投资增长率＝（期末固定资产总值－期初固定资产总值）/期初固定资产总值×100%。统计显示，2003 年以来，我国全社会固定资产投资增长率一直处于高位运行，都超过 23%，但 2010 年、2014 年、2015 年基本上在 10%左右。总体而言，全社会固定资产投资增长率呈波动状态。参照其他学者研究，本书将全社会固定资产投资增长率安全区间设定为 8%～14%，增减速度为 3 个百分点。

（3）全国通货膨胀率（A_3）

通货膨胀率是货币超发部分与实际需要货币量之比，反映了货币贬值的上升速度，会导致收入和财富的再分配，也会对企业利润产生重大影响。通货膨胀率＝（现期物价水平－基期物价水平）/基期物价水平×100%。本书重点选择居民消费价格指数作为替代指数。参考现有研究成果，设定通货膨胀率 4%以下为安全。

（4）地区 GDP 增长率（B_1）

地区 GDP 增长情况是国家 GDP 发展的缩影，仅表明一个地区一定时期内的生产活动的最终成果。地区 GDP 增长率对地方政府融资平台的影响更为直接和明显。地区 GDP 增长率的计算与国家 GDP 的计算方式一致。根据历史数据，中部地区 GDP 增速一般高于全国 GDP 增速，本书将地区 GDP 增长率安全点设为8%。

(5) 地方财政总收入增长率 (B_2)

地方财政收入增长率是财政收入增长额与上一年财政收入额的比率，它反映了本期财政收入的增长速度。对于地方政府融资平台的债务偿还来说，地方政府财政收入增长情况至关重要，只有财政收入增长，才能确保债务的按期偿还。财政收入增长率=（本期财政收入额－上期财政收入额）/上期财政收入额×100%。地方财政收入增长率以20%以上为宜。

(6) 地方财政自给率 (B_3)

地方财政自给率是本级地方政府财政收入与本级地方政府财政支出之比，它是判断一个地区财政运行状况健康与否的重要指标。在地方政府承担地方经济社会发展、基础设施建设等领域的责任日益加重的情况下，地方财政自给率越发显得重要。本书参考历史数据，将地方财政自给率安全点设为60%，40%～60%为基本安全。

(7) 地区固定资产投资增长率 (B_4)

以支出法衡量我国GDP增长率时可以看出，投资对于经济增长的拉动作用至关重要。地区固定资产投资呈现顺经济周期现象，经济高涨则投资增加，经济衰退则投资减少。因此，地区固定资产投资增长率是观察地方政府融资平台债务情况的重要指标。按照地区固定资产投资增长率一般是地区GDP增长率的1.5倍左右这一标准，本书将地区固定资产投资增长率安全点设为15%。

(8) 地方政府负债率 (B_5)

地方政府负债率指的是地方政府性债务余额占地区GDP的比重，它既反映地方政府性债务的现有状况，也预示着地方政府继续举债的可能空间。地方政府负债率=当年债务余额/当年地区GDP总量×100%。美国警戒线设在13%～16%，加拿大为25%。我国财政收入一般占GDP的20%左右，故国内经济学家认为地方政府负债率控制在20%左右为宜。

(9) 地方政府债务率 (B_6)

地方政府债务率反映地方政府性债务余额与地方政府财政支配能力之间的关系。从地方政府债务率的高低，可以看出地方政府性债务规模是否合理。地方政府债务率＝地方政府性债务余额/地方财政总收入×100％，其中，地方财政总收入包括地方政府公共预算收入、返还性收入、一般性转移支付收入、基金预算收入和预算外收入等。国际上通常以《马斯特里赫特条约》规定的债务率——60％作为政府债务风险控制标准参考值。

(10) 地方政府债务偿还率 (B_7)

地方政府债务偿还率是一年的债务还本付息占地方政府可用财力的比例关系，地方政府债务偿还率＝当年还本付息支出额/地方政府可用财力×100％。日本政府规定不允许超过10％，巴西政府规定不允许超过18％。本书将地方政府债务偿还率的安全点设定为控制在12％。

(11) 地方政府债务逾期率 (B_8)

地方政府债务逾期率是地方政府偿债能力的直接反映。当地方政府债务规模增大，但偿债能力减弱时，债务逾期率就会逐步上升。地方政府债务逾期率＝地方政府年末逾期债务总额/年末债务余额×100％。2013年安徽省颁布的《关于进一步加强政府性债务管理的意见》(皖政〔2013〕48号) 要求地方政府债务逾期率超过30％的地区，原则上不得新增债务余额。本书以谨慎性原则为主，选择1.5％为债务逾期率的安全点。

(12) 土地出让金增长率 (B_9)

土地出让金制度的实施，实现了土地由资源向资产和资本的重要转化，也为地方政府扩大预算外收入提供了重要途径。研究表明，部分地方政府的财政总体收入中，土地出让金收入占到一半左右，成为地方政府基础设施建设的重要资金来源。虽然土地出让金增长率受宏观政策影响较大，但从近年的发展水平来看，一般以50％为安全点。

(13) 融资平台综合资产负债率 (C_1)

资产负债率属于资金风险预警指标，直接反映了其总资产中有多大比例是通过举债筹资，直接反映了债权人发放贷款的安全程度。资产负债率＝年末负债总额/资产总额×100％。2013年安徽省颁布的《关于进一步加强政府性债务管理的意见》(皖政〔2013〕48号) 明确要求地方政府融资平台资产负债率要控制在60％以内，最高不得超过80％。通常认为，基本安全的资产负债率应控制在70％之内。

（14）融资平台综合净资产收益率（C_2）

净资产收益率属于经营风险预警指标，是公司税后利润与净资产之比，反映了融资平台运用自有资本效率的高低。净资产收益率越高，说明地方政府融资平台投资带来的收益越高。证监会在《上市公司证券发行管理办法》中提出，向不特定对象公开募集股份三个会计年度加权平均净资产收益率平均不低于6%。

（15）融资平台综合资产利润率（C_3）

资产利润率是企业净利润与同期资产平均占用额比率，资产利润率越高，企业的资产营利能力越强，所以资产利润率指标有助于促进企业全面改善生产经营管理，以提高经济效益。银监会对商业银行的要求是，资产利润率不低于0.6%。

（16）融资平台综合主营业务利润率（C_4）

主营业务利润率指的是一定时期内主营业务利润与主营业务收入的比值，主营业务利润率=主营业务利润/主营业务收入×100%。该指标反映的是每单位主营业务收入所带来的利润大小。主营业务利润率一般应该保持在10%以上，主营业务利润率较高，说明公司在市场竞争中可以占据优势地位；一旦主营业务利润率偏低甚至为负，则表明公司经营风险增大，需要发出预警信号。

（17）融资平台综合经营现金流量比率（C_5）

一般来说，要判断一个公司财务状况是否健康，可以通过观察维持公司运行的现金来源（比如经营活动、投资活动、筹资活动等）来进行。本预警指标体系选择经营现金流量比率作为指标，研究公司现金流量结构。经营现金流量比率=经营现金流入量/现金流入量总额×100%。一般而言，经营现金流量比率应该不低于50%。

（18）融资平台综合投资收益率（C_6）

投资收益率属于对外投资风险预警指标，主要用于反映公司投资收益能力，投资收益率=投资收益/投资成本×100%。当投资收益率远高于净资产收益率时，会存在操纵利润嫌疑，需要分析各项收益的合理性；当投资收益率远低于净资产收益率时，则说明对外投资失败，需要改善对外投资结构和投资项目。但从市场运行情况来看，投资收益率安全状态应在10%以上。

综合以上所述，可得出表9-1。

表9－1 地方政府融资平台债务风险预警指标及其临界 单位：%

代码	风险指标	安全	基本安全	风险	严重风险
子系统A——反映全国宏观经济运行状况					
A_1	国家GDP增长率	5～8	3.5～5 8～9.5	2～3.5 9.5～11	<2 >11
A_2	全社会固定资产投资增长率	8～14	5～8 14～17	2～5 17～20	0～2 >20
A_3	全国通货膨胀率	0～4	4～7	7～10 −2～0	>10 <−2
子系统B——反映地方政府经济运行状况					
B_1	地区GDP增长率	8～11	7.5～8 11～13.5	6～7.5 11.5～13	0～6 >13
B_2	地方财政总收入增长率	>20	10～20	0～10	<0
B_3	地方财政自给率	>60	40～60	20～0	<20
B_4	地区固定资产投资增长率	11～19	7～11 19～23	3～7 23～27	0～3 >27
B_5	地方政府负债率	0～20	20～40	40～60	>60
B_6	地方政府债务率	0～60	60～90	90～120	>120
B_7	地方政府债务偿还率	0～12	12～18	18～28	>28
B_8	地方政府债务逾期率	0～1.5	1.5～3	3～10	>10
B_9	土地出让金增长率	>50	35～50	10～30	0～10
子系统C——反映地方政府融资平台运行状况					
C_1	融资平台综合资产负债率	0～50	50～70	70～85	>85
C_2	融资平台综合净资产收益率	>6	3～6	1～3	<1
C_3	融资平台综合资产利润率	>2	0.6～2	0.3～0.6	<0.3
C_4	融资平台综合主营业务利润率	>13	10～13	5～10	<5
C_5	融资平台综合经营现金流量比率	>65	50～65	35～50	<35
C_6	融资平台综合投资收益率	>10	6～10	3～6	<3

9.1.3 指标权重设置

对于预警指标体系来说，由于各指标衡量地方政府融资平台风险侧重点不同，如果仅对预警指标进行简单综合，所得结果可能无法真实反映地方政府融资平台的风险状况，因此需要对风险预警指标进行权重处理。确定预警指标权重的方法有很多，包括主观赋权法、客观赋权法以及主客观结合法。本书主要是以层次分析法和专家调查法相结合的方式，进行指标权重确定。

9.1.4 建构预警函数

根据地方政府融资平台债务风险预警指标具体数值，以及各预警指标的权重系数，可以建构地方政府融资平台债务风险预警函数。

如果用 R 表示地方政府融资平台债务风险的综合得分，用 R_A 表示子系统 A 全国宏观经济运行存在的风险情况，用 R_B 表示子系统 B 地方政府经济运行存在的风险情况，用 R_C 表示子系统 C 地方政府融资平台运行存在的风险情况；假设预警指标 A_1 的权重为 a_1，A_2 的权重为 a_2，B_1 的权重为 b_1，C_1 的权重为 c_1，…；同时，子系统 A 全国宏观经济运行情况对总目标的权重为 α；子系统 B 地方政府经济运行情况对总目标的权重为 β，子系统 C 地方政府融资平台运行情况对总目标的权重为 γ。

那么，可以通过建立一组方程组来预警地方政府融资平台的债务风险为：

① $R_A=f(A_1, A_2, A_3)$

② $R_B=f(B_1, B_2, B_3, B_4, B_5, B_6, B_7, B_8, B_9)$

③ $R_C=f(C_1, C_2, C_3, C_4, C_5, C_6)$

将①②③代入④中，则可以得到：

$$
\begin{aligned}
④\ R &= R_A+R_B+R_C \\
&= f(A_1, A_2, A_3)+f(B_1, B_2, B_3, B_4, B_5, B_6, B_7, B_8, B_9)+ \\
&\quad f(C_1, C_2, C_3, C_4, C_5, C_6) \\
&= \alpha(a_1A_1+a_2A_2+a_3A_3)+\beta(b_1B_1+b_2B_2+b_3B_3+b_4B_4+b_5B_5+b_6B_6 \\
&\quad +b_7B_7+b_8B_8+b_9B_9)+\gamma(c_1C_1+c_2C_2+c_3C_3+c_4C_4+c_5C_5+c_6C_6)
\end{aligned}
$$

将预警指标及其权重得分代入风险预警函数，则可以得到地方政府融资平台债务风险预警在该状态下的综合得分 R。当地方政府融资平台处于不同状态时，其综合得分将各不相同。而综合得分情况，也将反映地方政府融资平台所处的债务风险预警状态。

9.1.5 预警灯号设置

为了更加直观形象地进行风险预警，一般采用灯号显示方法显示预警的具体结果。根据一定时期内的灯号显示情况，可以描绘并制作出该时期债务风险状况的灯号显示图。利用灯号显示图，就能够直观得出地方政府融资平台的债务风险的动态变化情况，从而有助于防范和治理债务风险。

对于每一种风险状态，可以进行等级划分。一般情况下，可以划分为安全、基本安全、风险和严重风险四种，对应的分数分别设为 [0，20)、 [20，50)、[50，80)、[80，100]。相应地，风险预警灯号可以设置为四个等级，分别为绿灯（代表“安全”），黄灯（代表“基本安全”）、橙灯（代表“风险”）和红灯（代表“严重风险”）。利用风险预警语言，则可以分别称为无警、轻警、中警和重警四个等级。除了无警状态之外，另外三种预警状态还可以继续予以细化，比如轻警状态可以细化为轻警$^{-}$、轻警和轻警$^{+}$三类。以此类推，可以将四种风险预警状态细化为 10 个小类（如表 9－2 所列）。

表 9－2　地方政府融资平台债务风险预警灯号显示设置

综合得分	[0，20)	[20，50)			[50，80)			[80，100]		
灯号显示	绿色	黄色			橙色			红色		
风险预警	无警	轻警			中警			重警		
		轻警$^{-}$	轻警	轻警$^{+}$	中警$^{-}$	中警	中警$^{+}$	重警$^{-}$	重警	重警$^{+}$
		[20，30)	[30，40)	[40，50)	[50，60)	[60，70)	[70，80)	[80，85)	[85，95)	(95，100]
安全状态	安全	基本安全			风险			严重风险		

在得到地方政府融资平台债务风险预警的综合得分后，对应各得分所代表的

风险预警灯号，就可以看出该地方政府融资平台所处的债务风险状况。根据风险预警灯号显示情况，可以采取相应的措施。当灯号显示为绿色时，表明地方政府融资平台处于安全状态，无须采取措施，正常运营即可；当灯号显示为黄色时，表示融资平台基本安全，可以采取一定的措施来对融资平台的运营进行适当监控，一旦发现问题应及时处置，防止问题扩散；当灯号显示为橙色时，表示融资平台已经存在一定债务风险，必须采取防范措施，来查找和整改风险源；当灯号显示为红色时，表明融资平台存在严重风险，需要采取紧急措施，从融资平台本身和外部层面进行研究，积极化解债务风险，防止融资平台倒闭，带来宏观经济社会风险。

9.2 基于合肥城建的债务风险预警系统实证分析

以地方政府融资平台债务风险预警系统为指导，本书选择合肥城建发展股份有限公司（简称“合肥城建”）为案例对象，研究一个地方政府融资平台进行风险预警的具体方式。

9.2.1 合肥城建基本情况

合肥城建发展股份有限公司（以下简称“合肥城建”）是经安徽省人民政府皖府股字〔1998〕第 39 号批准证书批准，由合肥国控作为主发起人，联合经纬装饰等发起设立的股份有限公司，是以普通商品住宅及其配套商业地产、综合商务楼的开发、销售、服务为主营业务，经营稳健，具有成熟盈利模式的专业化、区域性的大型房地产开发公司。合肥城建是安徽省第一家房地产上市公司，是最早具有国家一级开发资质和 AAA 级信用评价等级的房地产企业。2008 年 1 月，合肥城建在深交所中小板上市（股票代码 002208）。公司目前股本 32010 万股，第一大股东为合肥兴泰金融控股（集团）有限公司，持股比例为 57.89%，2015 年根据合肥市国资国企改革的整体部署，对合肥市国有资本营运机构进行调整，将合肥市国有资产控股有限公司持有的 1.85 亿国有股份无偿划转给合肥兴泰控股集团有限公司。第二大和第三大股东为重庆国际信托股份有限公司（持股比例 0.53%）、合肥城改投资建设集团有限公司（持股比例 0.53%）。截至 2017 年 12 月底，合肥城建总资产达到115.70亿元，2017年归属母公司所有者净利润1.33亿元。公司内设10个部门，下设6个全资子公司（合肥城建蚌埠置业有限公司、合肥城建广德置业有限公司、宣城新天地置业有限公司、合肥城建琥珀置业有限公司、安徽琥珀物业服务有限公司、合肥琥珀扬子资产管理有限公司），3个控股子公司（合肥城建巢湖置业有限公司、合肥城建东庐置业有限公司、三亚丰乐实业有限公司），3个分公司（肥东分公司、肥西分公司、蜀山分公司）。合肥城建部分财务数据如表9-3所列。

表9-3　合肥城建2011—2017年财务基本数据

年份	2011	2012	2013	2014	2015	2016	2017
总资产（亿）	34.1	39.9	50.4	57.9	67	97.8	115.7
净资产（亿）	11	12.2	13.6	15	16.5	17.3	18.7
营业总收入（亿）	11	12.1	15.8	17.6	18.8	26.3	27.5
净利润（亿）	1.61	1.54	1.58	1.73	0.92	1.09	1.33
负债总额（亿）	23.1	27.7	36.7	42.9	50.5	80.5	97.0
资产负债率（%）	67.69	69.35	72.91	74.03	75.37	82.27	83.85
净资产收益率（%）	15.77	13.43	12.34	12.2	6.02	6.83	7.87
资产利润率（%）	4.92	4.17	3.49	3.18	1.41	1.22	1.24
主营业务利润率（%）	19.18	16.86	13.16	13.07	6.44	5.74	5.23
经营现金流量比率（%）	56.93	64.05	67.44	64.71	65.88	57.36	60.14
投资收益率（%）	9.16	7.32	5.12	3.09	5.47	3.45	4.78

注：根据公司相关年度报告数据整理所得。

9.2.2　静态债务风险预警分析

计算2015年合肥城建的静态债务风险预警情况。首先，需要根据地方政府融资平台债务风险指标体系，获取各个风险指标的具体数据，计算得出指标权重；其次，根据地方政府融资平台的债务风险预警函数，计算合肥城建的综合得分；最后，根据综合得分情况，比照风险预警灯号设置方式，得出合肥城建的风险预警结果。

未来的债务风险，并进行科学的预警。本书以 2015 年合肥城建的指标数据为基础，对其 2017 年度的指标数据进行三种情境的假设，并得出各种情境假设下的预警结果。在情境假设时，情境Ⅰ是当经济运行过热时的总体风险情况，情境Ⅱ是当经济运行平稳时的总体风险情况，情境Ⅲ是当经济运行过冷时的总体风险情况。具体数据如表 9－5 所列。在计算风险预警综合得分时，各指标权重仍参考 2015 年数据。

表 9－5　2017 年合肥城建风险预警情境假设

代码	风险指标	情境Ⅰ		情境Ⅱ		情境Ⅱ	
		指数（%）	得分	指数（%）	得分	指数（%）	得分
子系统 A——反映全国宏观经济运行状况							
A_1	国家 GDP 增长率	11.5	53	7.0	0	4.5	35
A_2	全社会固定资产投资增长率	25.0	60	12.0	11.5	7.0	67
A_3	全国通货膨胀率	5.0	25	2.0	13	－1.0	57
子系统 B——反映安徽省地方政府经济运行状况							
B_1	地区 GDP 增长率	15.5	71	9.5	2	5.5	66
B_2	地方财政总收入增长率	17.0	34	11.0	20	7.5	59
B_3	地方财政自给率	55.0	63	35.0	11	25.0	58
B_4	地区固定资产投资增长率	30.0	90	20.0	25	10.0	63
B_5	地方政府负债率	42.5	52	25.0	29	50.0	67
B_6	地方政府债务率	90.0	57	65.0	40	100.0	60
B_7	地方政府债务偿还率	15.0	38	12.0	28	15.0	38
B_8	地方政府债务逾期率	1.5	24	0.5	10	2.5	30
B_9	土地出让金增长率	65.0	0	50.0	0	25.0	50
子系统 C——反映合肥城建融资平台运行状况							
C_1	融资平台综合资产负债率	80.0	36	50.0	20	90.0	66
C_2	融资平台综合净资产收益率	10.0	22	5.0	16	2.0	70
C_3	融资平台综合资产利润率	3.0	0	2.0	14	0.5	75

（续表）

代码	风险指标	情境Ⅰ		情境Ⅱ		情境Ⅱ	
		指数（%）	得分	指数（%）	得分	指数（%）	得分
C_4	融资平台综合主营业务利润率	11.5	24	8.0	6	5.5	29
C_5	融资平台综合经营现金流量比率	55.0	51	40.0	50	35.0	70
C_6	融资平台综合投资收益率	12.0	0	10.0	13	8.0	35

基于以上情境假定数据，可以得出合肥城建在三种情境下的综合风险得分：

（1）情境Ⅰ

$$R=\alpha(a_1A_1+a_2A_2+a_3A_3)+\beta(b_1B_1+b_2B_2+b_3B_3+b_4B_4+b_5B_5+b_6B_6+b_7B_7+b_8B_8+b_9B_9)+\gamma(c_1C_1+c_2C_2+c_3C_3+c_4C_4+c_5C_5+c_6C_6)$$

$$=13.9321+15.6238+8.8360$$

$$=38.3919$$

（2）情境Ⅱ

$$R=\alpha(a_1A_1+a_2A_2+a_3A_3)+\beta(b_1B_1+b_2B_2+b_3B_3+b_4B_4+b_5B_5+b_6B_6+b_7B_7+b_8B_8+b_9B_9)+\gamma(c_1C_1+c_2C_2+c_3C_3+c_4C_4+c_5C_5+c_6C_6)$$

$$=1.6843+5.8723+7.5447$$

$$=15.1013$$

（3）情境Ⅲ

$$R=\alpha(a_1A_1+a_2A_2+a_3A_3)+\beta(b_1B_1+b_2B_2+b_3B_3+b_4B_4+b_5B_5+b_6B_6+b_7B_7+b_8B_8+b_9B_9)+\gamma(c_1C_1+c_2C_2+c_3C_3+c_4C_4+c_5C_5+c_6C_6)$$

$$=13.8168+17.6848+22.6281$$

$$=54.1297$$

责任，形成了相对规范的财政制度框架。但是，由于主要税种的大部分收入划归中央，地方税种受增收潜力和征管难度的限制，难以快速上涨。再加上受中央和地方财政支出职责不清、相应的配套改革措施滞后等因素的影响，中央和地方支出比重差距不断扩大。各省市地方政府不断仿效中央的财政收支模式，最终导致“财政收入层层向上集中，财政支出层层向下移交”的态势。

党的十八届三中全会提出“建立事权和支出责任相适应的制度”，这是理顺中央和地方政府之间财政关系，健全中央和地方财权与事权相匹配体制的重要任务。理顺中央和地方政府之间的财政关系，核心是对中央和地方财权与事权进行合理划分，通过调整和深化分税制改革，地方政府获得了可持续性的财政来源。可以从以下几个角度着手：

（1）财权下移

税收是政府财政的主要源泉。参照国际经验，中央与地方税种划分的原则是：事关国家全局、便于实施宏观调控的税种应该划归中央，而适合地方征管、有地方特色的税种应该划归地方。在当前，培育地方主体税种，应该降低间接税比重，适当提高直接税比重。可以将房地产税、碳税、遗产税等税种收入更多地留给地方政府，而将容易造成税源转移、容易出现跨地区分配不公的税种，改为中央财政收入。

（2）事权上移

提高中央和地方财权与事权的匹配程度，需要理顺中央和地方政府之间的职责权限，调整中央和地方政府的支出责任。只有地方政府能筹集足够资金完成其职责范围的任务，才能减轻地方政府融资平台的融资压力，真正消除其债务风险。根据公共产品和公共服务的受益范围，属于全国性的支出责任由中央财政支出负责；属于地方性的支出责任由地方财政支出负责。比如，可以将与基本公共服务均等化相关的社会保障支出和教育支出，由省一级事权上移，划归中央一级；相应的，可以将部分支出责任，由市一级事权上移到省一级，由县一级事权上移到市一级。

（3）建立科学化、规范化、制度化的财政转移支付制度

财政转移支付作为分税制的补充、校正制度，应该发挥控制横向差距、平衡区域发展的作用。从实际运行情况看，如何确保财政转移支付的公平与效率有机

统一，是财政转移支付制度的核心问题。按照事权与支出责任相适应的原则，根据不同地区的经济发展水平和收入差距，核定各地区的标准化收入和标准化支出，合理确定转移支付的规模。大力压缩合并专项转移支付，增加一般性转移支付。同时，公开转移支付资金的分配办法、资金规模、申请条件、资金去向、使用情况等，加强对转移支付资金的监督。

10.1.2 完善政府考核评价方法

地方政府融资平台债务规模的迅速膨胀与先前的地方政府考核评价体系之间存在着内在的关联。过去在考核评价地方政府时更多聚焦于 GDP 增长速度和地方经济发展水平，这样容易导致地方领导干部不断推动需要大量投资的资源密集型政绩工程。在地方财力不足时，通过成立融资平台公司对外融资，满足政绩工程建设的需求，已经成为近年来一种重要的模式。因此，要把地方政府债务规模控制在一个合理范围之内，调整和完善地方政府考核评价体系，引导地方政府科学决策，以避免盲目扩张、限制债务规模增速。

（1）完善领导干部考核评价方法

2013 年 12 月，中央组织部印发《关于改进地方党政领导班子和领导干部政绩考核工作的通知》提出，要把政府负债作为政绩考核的重要指标，强化任期内举债情况的考核、审计和责任追求，以防止盲目举债建设“政绩工程”。在此基础上，建议提高对地方政府领导干部的考核要求，通过构建政府债务资金投资决策责任制，规范债务资金使用办法，落实资金投融资责任追究制度。

（2）完善地方债务规模考核评价方法

地方政府债务规模有必要控制在一个合理可控范围之内，可以建立地方政府财政收入与债务之间的协调机制，使地方债务规模与当地财政收入增长相适应。对于地方政府债务规模，国际通行的做法是根据负债率、公共预算收入等指标，科学计算地方政府的债务偿还能力，并以此为基础来确定地方政府可以承担的债务规模。比如欧盟《马斯特里赫特条约》约定各成员国“财政赤字率不超过 3%，国债负担率不超过 60%”。各级地方政府应根据本地实际情况，制定合理的考核评价指标和标准，控制地方债务规模及其增长幅度。

10.1.3 构建和完善地方政府融资平台的法律法规体系

在治理并完善地方政府投融资行为上，国际上众多国家提供了富有借鉴价值的经验。如美国通过《证券法》《政府会计、审计和财务报告》等法规严格规定地方政府融资限制和透明度要求。日本制定《地方公债法》规定地方政府债务只能用于建设性支出，不能用于经常性支出，用于下述领域不受限制：①交通、煤气、污水处理、其他地方公营企业支出；②对地方公营企业投融资；③抗灾应急、灾害赈济以及灾后重建；④文教、消防、土木工程等建设。澳大利亚联邦《诚信预算宪章》《新财政管理法》《完整政府预算法》《强化职能履行报告法》等法规也规范完善了地方政府对外举债的流程，澳大利亚地方政府通过举债所筹集资金，一般用于基础设施等资本性项目。巴西则制定《财政责任法》完善地方政府预算管理、财政监督检查、政府担保管理、央行间接调控、透明度要求和投融资规模控制等制度，对不履行《财政责任法》的责任人进行人事处罚，性质严重的将革职，禁止在公共部门工作甚至被判刑等。上述国家被证明行之有效的治理地方政府投融资行为的立法经验对我国具有重要现实意义和实践借鉴价值。

我国应效仿美国《信息自由法》《阳光下的政府法》及澳大利亚《信息自由法》，制定我国的《政府信息公开法》，规定社会公众可依法对地方政府投融资行为进行咨询和调查，相关部门必须回应。当前应加快制定《地方政府债务管理暂行办法》《地方政府投资暂行管理办法》《地方政府公共支出责任追究暂行管理办法》等法律法规，依法规范地方政府投融资程序、规模界定和责任追究等，依法明确中央政府对地方政府出现财政危机时救助的程序和条件并严格执行。至于在投融资过程中出现的违反程序及腐败等非法行为，明确终身追责，依法从严办理，杜绝少数官员的侥幸心理和投机行为。通过立法规范地方政府投融资行为和融资平台运行的程序，明确地方政府投融资行为的权利和义务及硬预算约束，完善政府投融资活动中责任认定和终身追究制度，明确政府举债的投向、举债规模控制及地方政府财政破产时中央政府的救助方式，使地方政府投融资行为及融资平台运行有法可依，实现对地方政府投融资行为及融资平台运行管理的制度化和法制化。

10.1.4 借助市场手段提供公共服务

地方政府融资平台债务猛增源于地方政府日益增长的融资需求。随着经济社会快速发展，改善和提高基础设施建设水平，满足人民群众对公共服务的需求越来越高，地方政府的发展任务也愈发艰巨。地方政府应该从“节流”角度减少地方财政直接投资，而借助市场手段，吸引外国资本、民间资本等提供公共服务。从政府与市场关系来看，地方政府主要应在市场失灵的领域发挥自身功能。以城市基础设施建设为例，有的项目可以通过后期的税费收回前期投资成本；有的项目则属于纯公益性，无法回收投资。地方政府应该对投资大、周期长、风险高、利润低且公益性强的项目给予支持。对适宜通过政府购买服务的项目，可以面向市场、面向社会、面向民间，通过项目融资、公私合作等模式进行。

党的十八届三中全会提出，经济体制改革的核心问题是处理好政府和市场的关系，使市场在资源配置中起决定性作用，政府更好地发挥作用。因此，首先需要合理界定政府与市场的边界。从实际情况看，一方面，政府存在“缺位”现象，在基础教育、公共卫生、环境保护、社会保障等领域资金投入不足，公共产品和公共服务无法满足社会要求；另一方面，政府存在“越位”现象，原本可以市场化运作的工程和项目，仍带有较强的行政化色彩，政府尚未完全退出。为此，安徽省地方政府应该坚持有所为、有所不为，明确重点，把有限财力投放到关键性领域；更多地借助市场的力量，引导国外资本、民间资本参与建设、开发和运营；对于具有公共物品和公共服务属性的基础设施建设和服务，地方政府可以通过引进非政府部门投资方式减轻自身的投资压力。在具体实施时，可以通过合理定价，利用补助、贴息、价格、利率、税收等手段，引导非政府部门资金进入公共物品和公共服务提供的各个领域。

《安徽省财政厅关于财政支持政府融资平台公司转型发展的意见》（财债〔2016〕1301 号）鼓励融资平台公司市场化融资。在明确功能定位的基础上，转型后的融资平台公司通过资本运作进行国有资产整合，合理配置产权，提高融资能力。除银行贷款之外，鼓励融资平台公司拓宽融资渠道，通过发展混合所有制经济、发行债券、实行债转股、引入私募基金等方式进行市场化融资。对供水供气、垃圾处理等可以吸引社会资本参与的公益性项目，其债务由项目公司按照市场化原则举借和偿还，安徽省地方政府按照事先约定，承担特许经营权给予、财政补贴、合理定价等责任。

10.2 中观层面要完善安徽省地方政府化解债务风险的机制

地方政府融资平台的出现与发展是基于中国地方政府的内在融资需求。因此，仅通过治理整顿融资平台而不改革社会公共产品的提供方式、地方政府的融资模式和债务控制方式等，只能暂时缓解融资平台的债务风险，而无法从根本上消除风险。一旦地方政府资金压力加大，地方政府仍会借助融资平台等举借主体进行融资，导致地方政府融资平台风险再起。因此，从中观层面来看，安徽省地方政府应该完善自身化解债务风险的机制，既要能够“开源”，利用多元化融资渠道进行融资，又要能够“节流”，借助市场手段提供公共产品。与此同时，安徽省地方政府必须加强后备财力培养，并严格控制政府债务规模，确保债务风险能够得以及时合理化解。

10.2.1 构建安徽省地方政府多元融资渠道

自1998年开始，源于“芜湖模式”，安徽省就开始发挥国家开发银行的融资优势和地方政府的组织协调优势，组建城投公司等融资平台，统一向银行贷款，支持城市基础设施建设项目，目前安徽省共有290家地方政府融资平台公司。银行贷款是其中最重要的融资方式。治理地方政府融资平台的债务风险，根本上要求地方政府创新融资工具，从“开源”角度看问题，推动地方政府融资平台等举借主体采用市场化手段融资，构建多渠道、多层次、多元化的融资体系。《安徽省财政厅关于财政支持政府融资平台公司转型发展的意见》（财债〔2016〕1301号）要求除银行贷款之外，鼓励融资平台公司拓宽融资渠道，通过发展混合所有制经济、发行债券、实行债转股、引入私募基金等方式进行市场化融资，从而促进债务风险能够得以及时合理化解。

（1）积极发展股权融资模式

当前，我国多层次资本市场体系已经基本建立。安徽省地方政府应该推动融资平台尽快建立规范的现代企业制度，在提升公司治理能力基础上，积极到资本市场利用股权进行直接融资，具体方式包括上市融资、股权出让、增资扩股、杠杆收购等。目前国内已经有苏州新区高新技术产业股份有限公司、广西绿城水务股份有限公司、成都武侯高新技术产业发展股份有限公司、福建金森林业股份有限公司、北京空港科技园区股份有限公司、合肥城建发展股份有限公司、泸州市兴泸水务（集团）有限公司等7家融资平台公开上市融资。安徽省应探索利用股权转让，吸引境内外的资本以合作、联营、参股等方式，参与地方政府融资平台的项目，既可以提高融资平台的实力，又可以提高公共服务的供给水平。

（2）积极发展债权融资模式

安徽省地方政府融资平台在积极利用银行借款融资渠道外，还可以通过债券、信托、租赁等方式来拓展债权融资渠道，扩大债权融资规模，提高债权融资比重。对于规模、实力、信用有保证的地方政府融资平台公司，可以通过发行公司债券进行融资。此外，安徽省地方政府融资平台可以发展信托融资，将建设运营项目的股权或收费权等权利转移给信托公司，再由信托公司向社会公众出售，从而实现融资的目标。

（3）积极发展项目融资模式

对于安徽省地方政府融资平台负责的重大项目建设和运营来说，可以适当放宽和降低民间资金准入门槛，吸引国外资本和民间资本参与项目建设，从而有效缓解地方政府在公用基础设施建设和公共服务提供方面的融资难问题。比如建设—经营—移交（BOT）、移交—经营—移交（TOT）、公私合作制（PPP）等模式就是当前公共基础设施建设的一种重要发展趋势。PPP改革是一种创新的公共服务供给管理模式，通过放宽市场准入、释放社会活力，提高公共服务质量和效率。

截至2017年6月30日，安徽省纳入财政部PPP综合信息平台管理并对外公布的项目224个，投资额2454.25亿元，落地数140个，位居全国第三，投资额1438.75亿元，落地率62.50%，高于全国落地率28.34个百分点，其中有民营企业参与项目数59个，民企参与率42.14%。安徽省地方政府融资平台可以通过与国内外相关机构签订合作协议，对相关项目的建设、运营和服务进行分工合作。这一模式尤其适用于融资需求大、投资回报周期长的重大项目和民生工程建设。安徽省各市、县（区）财政局要审慎开展政府完全付费的项目，严禁借PPP

变相举债，对不包含运营内容、无绩效考核机制、社会资本不实际承担项目建设运营风险的项目，不予审核入库。安徽省要全面掌握本地区 PPP 项目总体情况，强化财政承受能力论证 10%“红线”的硬性约束；要高度重视 PPP 综合信息平台的管理，所有项目均需纳入平台，及时公开财政承受能力论证报告及有关数据，确保 PPP 项目信息及时、准确、规范、完整。安徽省各市、县（区）财政局要严格按照政策规定规范运作 PPP 项目，确保我省 PPP 项目长期、健康、可持续发展。

近年来，起源于英国的“政府再造”的新公共管理运动中，政府投融资模式不断创新，PPP 模式是一种较为流行的公司合作的创新投融资方式，PPP 模式也成为我国公共领域构建和谐共赢的公私合作伙伴关系的重要模式和运行机制。PPP 是英文“Private－Public Partnership”的缩写，即公共民营合作制，或者政府民间合伙制，是指由各级政府发起的，在公共部门和民营部门之间针对特定的公共项目所形成的长期相互合作关系。PPP 基本特征包括政府与民营企业共享投资收益，共担投资风险，通过政府政策的引导，在一定额度的政府资金支持下，在涉及项目的融资、建设、运营等方面，采用民营化方式在公共事业领域引入民间资本及其管理和服务。一个 PPP 项目包括众多参与者，而参与者之间的关系都是由彼此之间签订的合同或者协议来确定的，主要包括地方政府（发起人）、资本金提供者（主办人）、私人资本金提供者（投资者）、设计 & 建造（总承包商）、设备/原材料（供应商）、运营/设施管理（运营商）、贷款提供者（银行）等，在 PPP 项目中，各参与人的权利和义务各不相同。

通过对国内外 PPP 操作模式文献的梳理，本项目将其归结为三类：第一为外包类，私营部门按协议约定设计并建造基础设施，建成后交给公共部门的“设计—建造模式”（DB）；私营部门承担基础设施设计、建设和维护的“设计—建造—主要维护模式”（DBMM）；地方政府以一定费用委托私营部门代为经营和维护公共部门的基础设施的“经营和维护模式”（O&M）等；第二为特许经营类，私营部门负责基础设施的设计、建造和经营，但不涉及公共产权的“设计—建造—经营模式”（DBO），私营部门与公共部门签订长期租赁合同，由私营部门投资、建设基础设施，并在租赁期内经营该设施，合同期满后将其交还给公共部门的“建设—租赁—经营—转让模式”（BLOT），私营部门投资、建设和经营基础设施，在特许期内具有该设施的所有权，特许期结束后交还给公共部门的“建设—拥有—经营—转让模式”（BOOT），私营部门租赁已有的公共基础设施，并对该设施进行一定程度的更新，扩建后经营该设施，租赁期结束后将该设施移交给公共部门的“租赁—更新—经营—转让模式”（LUOT）等；第三是私有化类，私营部门购买现有基础设施，经过更新扩建后经营该设施，并拥有永久经营权的“购买—建设—经营模式”（BB0），私营部门投资、建设并永久拥有和经营某基础设施，接受政府的监管的“建设—拥有—经营模式”（BOO）等。

据财政部 PPP 综合信息平台公布的统计信息，到 2017 年 6 月 30 日，全国入库项目 13554 个，累计投资额 16.3 万亿元，覆盖 31 个省（自治区、直辖市）及新疆生产建设兵团和 19 个行业领域。其中，已签约落地项目 2021 个，落地率 34.16%。我国 PPP 改革推进 3 年多来，发展较快。安徽省纳入财政部 PPP 综合信息平台管理并对外公布的项目 224 个，投资额 2454.25 亿元，落地数 140 个，位居全国第三，投资额 1438.75 亿元，落地率 62.50%。我国需要有关立法以解决目前 PPP 发展中的突出问题，为 PPP 的发展发挥保障、促进和规范作用。《安徽省财政厅关于财政支持政府融资平台公司转型发展的意见》（财债〔2016〕1301 号）提出：“鼓励转型后的融资平台公司作为社会资本参与当地政府和社会资本合作项目，通过与政府签订合同方式，明确责权利关系。”《安徽省人民政府关于加强地方政府性债务管理的实施意见》（皖政〔2015〕25 号）鼓励社会资本通过特许经营等方式，参与城市基础设施等有一定收益的公益性事业投资和运营。政府通过特许经营权、合理定价、财政补贴等事先公开的收益约定规则，投资者将有长期稳定收益。投资者按照市场化原则出资，按约定规则独自或与政府共同成立特别目的公司建设和运营合作项目。投资者或特别目的公司可以通过项目收益债券、企业债、银行贷款、资产证券化等市场化方式举债并承担偿债责任。政府对投资者或特别目的公司按约定规则依法承担特许经营权、合理定价、财政补贴等相关责任，不承担投资者或特别目的公司的偿债责任。《关于进一步规范地方政府举债融资行为的通知》（财预〔2017〕50 号）允许地方政府以单独出资或与社会资本共同出资方式设立各类投资基金，依法实行规范的市场化运作，按照利益共享、风险共担的原则，引导社会资本投资经济社会发展的重点领域和薄弱环节，政府可适当让利。《安徽省财政厅关于财政支持政府融资平台公司转型发展的意见》（财债〔2016〕1301号）提出："鼓励转型后的融资平台公司作为社会资本参与当地政府和社会资本合作项目，通过与政府签订合同方式，明确责权利关系。"《安徽省人民政府关于加强地方政府性债务管理的实施意见》（皖政〔2015〕25号）鼓励社会资本通过特许经营等方式，参与城市基础设施等有一定收益的公益性事业投资和运营。《关于进一步规范地方政府举债融资行为的通知》（财预〔2017〕50号）允许地方政府以单独出资或与社会资本共同出资方式设立各类投资基金，依法实行规范的市场化运作，按照利益共享、风险共担的原则，引导社会资本投资经济社会发展的重点领域和薄弱环节，政府可适当让利。根据此文件的精神，安徽省地方政府应当规范政府和社会资本合作（PPP），不得以借贷资金出资设立各类投资基金，严禁利用PPP、政府出资的各类投资基金等方式违法违规变相举债。安徽省地方政府及其所属部门参与PPP项目、设立政府出资的各类投资基金时，不得以任何方式承诺回购社会资本方的投资本金，不得以任何方式承担社会资本方的投资本金损失，不得以任何方式向社会资本方承诺最低收益。

10.2.2 构建安徽省地方政府投融资全过程动态监管体系

安徽省要全面贯彻落实依法治国战略，严格执行预算法和国发〔2014〕43号文件规定，健全规范的地方政府举债融资机制。要建立针对地方政府过度投融资行为问题的长效治理机制，安徽省应确立对地方政府公共资本投资的强有力的资本预算约束机制及责任追究制度，应建立市场化、透明化、公开化的地方政府投融资机制，实现公共投资决策及其运行的民主化、透明化和法制化，实现安徽省地方公共投资举债的可持续性，有效控制地方债务规模。要形成和完善"中央政府＋市场＋公众"的全面有机协调的地方政府债务监管体系，提高政府举债合理性及债务控制能力，防止债务恶性膨胀。要增强地方政府债务透明度，构建地方政府债务风险预警体系。要实现对地方政府债务规模的适时监控及预警，并强化安徽省人大的监督以及社会中介机构、社会公众的监督。

（1）应对安徽省地方政府投融资项目实施事前、事中、事后全过程的监督

发达国家和地区一般对各类投资项目都进行事前、事中、事后相结合的全环节的监督管理，根据我省经济社会环境情况，可以在项目建设前通过媒体或者召

开听证会的方式向社会征求意见，向本领域的专家和学者征询可行性建议；在投资项目建设施工过程中，各相关监督主体应对项目招投标管理、合同管理、财务管理等进行全方位监督；在项目竣工建成后，应落实项目实施效果评价制度。

（2）确立安徽省多层次的监督主体

在西方发达市场经济国家中，一般会按照权力制衡的原则对政府投融资项目建立多层次、多方位的监管体系。例如，美国政府投融资监管体系可分为公众监督、政府部门监管和国会监管三个层次。在公众监督方面，美国主要通过专家委员会、听证会、新闻媒体等形式接受公众监督。政府职能部门是政府投资建设项目的具体规划、组织和实施者，对所辖项目的监管负有不可推卸的职责。该国设有相对独立的社会监督评价机构，可受政府委托，从公正的角度进行监督。美国的国会会计总署对工程投资项目资金的使用及执行情况通过公布报告和提出建议等形式行使监督权。

针对安徽省社会经济情况，可开展跨部门联合监管，建立财政部门、人民银行、银监会、证监会、发改委、司法行政机关等部门以及资产评估机构、注册会计师机构、律师机构等行业自律组织参加的监管机制，对地方政府及其所属部门、融资平台公司、金融机构等的违法违规行为加强跨部门联合惩戒，形成监管合力。对地方政府及其所属部门违法违规举债或担保的，依法依规追究负有直接责任的主管人员和其他直接责任人员的责任；对融资平台公司从事或参与违法违规融资活动的，依法依规追究企业及其相关负责人责任；对金融机构违法违规向地方政府提供融资、要求或接受地方政府提供担保承诺的，依法依规追究金融机构及其相关负责人和授信审批人员责任；对中介机构、法律服务机构违法违规为融资平台公司出具审计报告、资产评估报告、信用评级报告、法律意见书等的，依法依规追究中介机构、法律服务机构及相关从业人员的责任。这样就可以建立起一个针对安徽省地方政府投融资行为的多层次、立体式的监管体系。

10.2.3 逐步放开安徽省地方债券市场

地方政府以融资平台为举借主体进行融资后，信贷资金大多用于基础设施建设。而基础设施建设属于长期投资，投资回报周期长。在实际运行中，银行贷款还款周期一般在 3 年以内，最多不超过 7 年，导致以短期贷款支持长期投资局面的出现。为适应基础设施建设的需要，应该建立起融资与投资相匹配的模式，逐步放开地方债券市场，推动地方政府利用长期资金进行基础设施建设。

西方发达国家经验表明，通过发行地方公债或者市政债券，可以有效增加地方政府财政资金，并实现城市基础设施建设的代际公平，提高地方公共服务的水平。比如，美国以地方政府信用作为保障，由州、县、市、乡、镇等或其授权代理机构发行市政债券，筹集资金主要用于道路、机场、港口、堤坝、隧道、水厂、电厂、环境治理等基础设施建设，以及学校、医院等公益设施建设等。日本的都、道、府、县和市、村等地方政府也都可以发行市政债券，用于道路建设、教育、公营住宅建设等。在我国，目前地方政府与债券的关联有两种，一是中央财政发行国债后再转贷给地方；二是由地方政府融资平台公司发行企业债券，筹集的资金用于市政建设等项目，一般被称为准市政债券。这两种方式都是国家政策允许的，也符合法律规定。但是，这两种方式都不是地方政府乐意接受的。中央发债再转贷给地方，带有明显的行政色彩，不利于强化地方政府的偿债意识和偿付责任；借助地方政府融资平台发债，也会对地方政府融资平台自身的发债意愿产生“挤出效应”，不利于融资平台公司发展。

2011 年，根据《财政部关于印发〈2011 年地方政府自行发债试点办法〉的通知》（财库〔2011〕141 号）文件精神，上海、广东、浙江、深圳四地试点自行发债。2013 年，试点范围又增加了山东和江苏两省。地方政府自行发债试点的序幕拉开，意味着国家正在积极探索地方政府发债的新模式，有利于地方政府逐步建立稳定和规范的发债渠道。《安徽省人民政府关于加强地方政府性债务管理的实施意见》（皖政〔2015〕25 号）明确要求建立规范的政府举债融资机制。安徽省各级政府举债采取政府债券方式，市、县政府债券由省级代为发行。没有收益的公益性事业发展确需政府举借一般债务的，发行一般债券融资，主要以一般公共预算收入偿还。有一定收益的公益性事业发展确需政府举借专项债务的，发行专项债券融资，以对应的政府性基金或专项收入偿还。

综合安徽省发展现状，建议逐步放开地方债券市场，借鉴发达国家的经验教训，处理好两个核心问题：一是要严格控制地方政府发行债券的规模，以确保安徽省地方债的规模可控，避免地方政府过度发行债券；二是必须加强地方发债的信息披露机制建设和信用评级制度建设，建立一整套风险防范和治理机制，对地方债券的发行主体、发债规模、资金用途，各地市社会经济环境、财政收入情况、债券利率与期限结构、偿债机制等内容进行信息公开和动态监控，提高安徽省地方发行债券的风险防范和风险控制水平。

10.2.4 加强安徽省地方政府后备财力培养

地方政府后备财力的培养是帮助地方政府融资平台化解债务风险的基础。

（1）安徽省地方政府要加强税源培养

税收是地方政府获取可用财力的最主要、最稳定的途径。2008—2015 年，安徽省地方财政税收收入分别为 527.93 亿元、629.32 亿元、866.55 亿元、1108.31 亿元、1305.09 亿元、1520.22 亿元、1692.52 亿元、1799.89 亿元，基本上都保持在 10%以上的增长率。安徽省应该最大限度地培养税源，确保地方政府税收能够稳步增长。要实现这一目的，一方面，要求地方能够在发展规划时尊重市场规律，支持主导产业发展，培养地方的核心财源，扩大税收基础；另一方面，要根据实际情况，适度提高税率，比如可以适度提高城市维护建设税税率、污染税税率等，为地方政府开辟稳定的税源。在加强税源培养的基础上，地方政府还应该加强对非税收收入、矿山等资源有偿使用收入的管理，确保地方可用财力得以巩固。

（2）促进安徽省国有资产流动

《中共中央关于全面深化改革若干重大问题的决定》提出，国有资本、集体资本、非公有资本等交叉持股、相互融合的混合所有制经济是基本经济制度的重要实现形式。建议安徽省加强国有资产监管，促进国有资产流动，盘活城市存量资产，提高国有资产运营效率，确保国有资产保值增值，提高国有资本竞争力和活力。同时，要发挥财政资金的杠杆效应，撬动社会资金投入到基础设施和公共服务的提供中。

（3）加强安徽省政府土地出让金收入的管理

土地属于稀缺性资源，土地出让收入及其相关税费收入已成为地方政府可用财力的主要来源。安徽省地方政府应加强对土地市场的动态监测，加强对土地利用的规划，控制土地出让总量、结构和进度，保护土地利用的全局和长远利益；完善土地出让方式，改变土地出让金管理模式，确保土地出让金收支公开化和透明化；规范土地储备贷款行为，防范土地融资带来的潜在风险。财政部等六部委联合发布的《关于进一步规范地方政府举债融资行为的通知》（财预〔2017〕50号）已要求各地方政府不得将公益性资产、储备土地注入融资平台公司，不得承诺将储备土地预期出让收入作为融资平台公司偿债资金来源。

10.2.5 严格控制安徽省地方政府债务规模

在地方政府可用财力一定情况下，必须坚持举债规模与可用财力相匹配原则，规范举债、适度负债，控制偿债额度，才能降低偿债率，避免债务风险。因此，安徽省应该超越地方政府融资平台本身，从地方政府角度，严格控制地方债务规模。

（1）完善安徽省地方政府债务监管体制

地方政府债务只有在严格的监督管理体制下，才能避免无序发展所导致的风险。针对安徽省社会经济的情况，可开展跨部门联合监管，建立财政部门、人民银行、银监会、证监会、发改委、司法行政机关等部门以及律师协会、资产评估协会、注册会计师协会等行业自律组织参加的监管机制，对地方政府及其所属部门、融资平台公司、法律服务机构、中介机构、金融机构等违法违规行为加强跨部门联合惩戒。对安徽省地方政府及其所属部门违法违规举债或担保的，依法依规追究负有直接责任的主管人员和其他直接责任人员的责任；对律师协会、资产评估协会、注册会计师协会等违法违规为融资平台公司出具法律意见书、审计报告、信用评级报告、资产评估报告等的，依法依规追究法律服务机构、中介机构及相关从业人员的责任；对金融机构违法违规向地方政府融资平台提供融资、要求或接受地方政府提供担保承诺的，依法依规追究金融机构及其相关负责人和授信审批人员责任；对融资平台公司从事或参与违法违规融资活动的，依法依规追究企业及其相关负责人责任。

（2）编制安徽省地方政府债务偿还规划

对于地方政府融资平台来说，融资、投资、偿还三个环节都至关重要。地方政府融资平台以政府信用和财政担保筹集资金后，资金的具体投向大多受地方政府的政策指引，因此地方政府应当在偿还债务上负起相应的责任。对于安徽省地方政府来说，在计划融资时，就应当统筹安排，根据本省财力情况制订相应的债务偿付计划。

(3) 建立安徽省地方政府债务偿还基金

将一部分财政收入与土地收益、地方经常性收入拨付、债务资金投资收益等纳入基金之中，作为债务偿还的资金保障。以浙江省为例，该省2005年就下发《浙江省人民政府关于加强地方政府性债务管理的通知》，明确要求完善政府性债务偿还机制，按照“谁举债、谁偿还”的原则确定偿债责任单位和资金来源。该文件要求浙江省各市、县（市、区）政府要设立相应的偿债准备金，准备金数额一般为年初地方政府性债务余额的3%～8%，有条件的可适当提高提取比例。安徽省可以明确财政部门对偿债准备金实行专户管理方式，不得截留、挪用。地方政府债务偿还基金的设立，对于控制和防范地方债务风险将起到至关重要的作用。

10.2.6 构建安徽省地方政府投融资风险预警措施

风险预警措施包括很多方面，但从法律监管构建上来说，规范和透明数据是其要重点关注的方面。因此，需要立法确定地方政府投融资相关数据公布的种类多样化，保证数据透明性，真实有效防范周期性风险的发生和扩大。地方政府融资平台实际上是在地方政府同中央政府的博弈下出现的产物，而博弈的后果可能是共赢的、零和的，也可能是“负和博弈”。在法律已经构建并能够得到比较完善的实施的前提下，可以对地方融资平台及银行的数据进行统计，对资本市场信息进行披露，要求银行或其他金融机构如实上报有关平台的借贷数据信息，这样就能够较好地掌握总体的安徽省地方融资平台的运行状况，采取必要的手段来控制和防范风险。

2016年6月，财政厅印发《安徽省地方政府债务风险评估和预警暂行办法》对安徽省地方政府债务风险评估和预警对象、指标体系、风险化解途径、追责机制等做出规定。《安徽省地方政府债务风险评估和预警暂行办法》将各市本级、县级（含县改区、市辖区）人民政府界定为安徽省地方政府债务风险评估和预警对象。地方政府债务风险评估和预警指标包括债务率、新增债务率、偿债率、逾期债务率、综合债务率等。当综合债务率低于100%，但一般债务率或专项债务率有一项高于100%时，应将该地区列入风险提示名单中；当综合债务率高于

100%或一般债务率、专项债务率两项均高于100%时，应将该地区列入风险预警名单中。

为确保安徽省地方政府投融资风险预警机制有效，应立法规定一旦发现地方政府融资平台相关数据失真，将对其进行民事责任上的追究，如因该数据造成了巨大的经济损失，应追究当事人的刑事责任。对于风险预警的反馈，必须及时而且有效，以便政策制定机构能够根据这些数据及时地做出相应的反应，将风险消灭在萌芽状态。在地方政府融资平台相关数据信息的采集部门、项目、时间和上报期限方面，法规必须做出明确的规定，以便有规可依、有规必依，不至于互相推诿，逃避各自应该承担的责任。

10.3 微观层面要提高安徽省融资平台应对债务风险的能力

防范和治理地方政府融资平台的债务风险，核心措施应从地方政府融资平台着手，在分类管理基础上，建立完善的融资平台债务管理系统，健全融资平台债务动态监测体系；通过债务风险预警系统，及时对债务风险进行预警和防范；同时，还应强化地方政府融资平台的债务风险治理能力。

10.3.1 健全安徽省地方政府融资平台债务动态监测体系

防范和治理安徽省地方政府融资平台的债务风险需要对地方政府融资平台的债务规模、信贷资金投向等进行动态监控并进行风险评估，从总体上建立安徽省地方政府融资平台债务动态监测体系。

（1）对安徽省融资平台债务状况实施分类管理和动态监测

监测地方政府融资平台债务状况，不能“一刀切”，应坚持分类管理的原则，针对不同类型的融资平台，实施差别化风险监测和管理方式。《国务院关于加强地方政府融资平台公司管理有关问题的通知》（国发〔2010〕19号）提出，一是要按照分类管理、区别对待的原则，对融资平台债务进行清理；二是要按照公司职能，对融资平台公司进行规范。对于融资平台债务，根据项目是否具有公益性、项目经营性收入的稳定性等标准，确定债务偿还和在建项目后续融资事宜；对于融资平台，要根据承担项目性质、资金来源、偿还责任等原则，进行清理规范。建议将安徽省地方政府融资平台及其债务进行分类管理，对融资平台的资产、资源、资金状况进行核查，因企制宜、因债而异、分类分层管理，为动态监测融资平台债务奠定基础。

（2）严格监控安徽省地方政府融资平台信贷资金流向

在安徽省地方政府融资平台提出贷款申请时，银行应加强事前控制，严格按照贷款条件，对融资平台进行贷款合规性审查；对于符合银行贷款标准的，应继续予以支持并进入贷后管理环节。银行要严格监督地方政府融资平台贷款的使用情况，对资金流向实施动态监测，掌握融资平台贷款的项目、投放贷款额度、配套资金情况等，以确保资金专款专用，避免信贷资金被挪作他用或者违规使用而产生风险。

（3）建立安徽省地方政府融资平台债务信息披露制度

信息公开透明是控制安徽省地方政府融资平台债务风险的有效手段。当融资平台债务信息透明时，上级政府管理机构可以通过信息审查判断其债务规模是否合理，银行系统也可以根据相关信息判断是否符合发放贷款资质等，地方政府融资平台债务信息披露的程度及准确性是要建立在必要会计核算基础之上的。安徽省地方各级政府在落实《关于全面推进政务公开工作的意见》中，要求完善省内地方政府债务信息公开制度，县级以上地方各级政府应当重点公开本地区政府债务限额和余额，以及本级政府债务的规模、种类、利率、期限、还本付息、用途等内容。推进各级政府和社会资本合作（PPP）项目信息公开，安徽省地方政府及其所属部门应当重点公开政府和社会资本合作（PPP）项目决策主体、政府方和社会资本方信息、合作项目内容和财政承受能力论证、社会资本方采购信息、项目回报机制、合同期限、绩效评价等内容，从而构建信息公开透明的安徽省地方政府融资平台债务信息披露制度。

10.3.2 建立安徽省地方政府融资平台债务信息披露制度

“阳光是最好的防腐剂”，地方政府投融资行为的信息透明度越高，其可能面临的风险就越低。通过建立规范的地方政府融资平台债务信息披露制度，弄清楚地方政府的偿债能力和融资平台的真实资产状况，这样既可以约束地方政府本身的投融资行为，又有利于提高中央政府对地方投融资风险的预见和治理能力。当融资平台债务信息透明时，上级政府管理机构可以通过信息审查判断其债务规模是否合理，也可以根据相关信息判断银行系统是否有发放贷款的资质等，地方政府融资平台债务信息披露的程度及准确性是建立在必要的会计核算基础之上的。

（1）确保安徽省财政阳光化

地方政府可以借鉴上市公司财务信息披露制度，构建相应的政府财务报告体系，厘清安徽省政府控制下所有融资平台的情况，促进我省融资平台资产负债状况的阳光化。目前，安徽省不少地方政府往往通过多个融资平台公司，从多家不同银行获得信贷，形成“多头融资、多头授信”的格局，这导致管理非常混乱。因此，要完善地方融资平台的债务统计和信息披露制度，提高融资平台的信息透明度。

（2）加强安徽省地方融资平台的资产负债信息的统计工作

安徽省应要求地方政府建立负债情况信息表，把各个融资平台的投融资状况纳入当地政府整体负债信息表的框架之中，使地方政府通过融资平台形成的隐性负债转变为显性负债。地方政府统计部门要负责融资平台的负债情况统计工作，并定期向政府部门和金融机构通报，将统计结果向社会公布。安徽省地方政府主管部门要对融资平台信息发布力度起到相应的督促作用，使相关信息得到及时披露。由于地方政府融资平台和当地政府在资产负债上关系特殊，地方政府的负债信息也要公开透明，要及时摸清地方政府的债务规模、债务结构和期限，并将相关信息报送审计部门存档，商业银行在向地方融资平台贷款之前有权在审计部门查询当地政府的负债信息，对负债情况不佳的地方政府不予授信，从而间接控制地方政府的债务规模，防止地方政府滥用信用而过度举债。《安徽省人民政府关于加强地方政府性债务管理的实施意见》（皖政〔2015〕25号）提出要完善地方政府性债务统计报告制度，凡有政府性债务余额的举债单位每月向同级财政部门报送政府性债务信息。建立和完善权责发生制的政府综合财务报告制度，财务报告要真实完整地反映各级政府资产负债等情况，同时建立地方政府性债务公开制度，加强政府信用体系建设。

根据《关于全面推进政务公开工作的意见》等文件要求，安徽省地方各级政府需要全面推进各个市、县、区地方政府及其所属部门举债融资行为的决策、执行、管理、结果等信息的公开，严格追究披露责任，主动接受社会监督。继续完善安徽省地方政府债务信息公开制度，县级以上地方各级政府应当重点公开本地区政府债务限额和余额，以及本级政府债务的规模、种类、利率、期限、还本付息、用途等内容。推进政府购买服务的公开，地方政府及其所属部门应当重点公开政府购买服务决策主体、购买主体、承接主体、服务内容、合同资金规模、年度财政资金安排、合同期限、绩效评价等内容。推进政府和社会资本合作（PPP）项目信息公开，重点公开 PPP 项目决策主体、合作项目内容和财政承受能力论证、合同期限、政府方和社会资本方信息、项目回报机制、社会资本方采购信息、绩效评价等内容。

10.3.3 提高安徽省地方政府融资平台债务风险预警水平

对于监测中识别到的债务风险，地方政府融资平台应该及时准确地进行评估和预警。当预警值达到一定状态，就应采取相应措施予以处置。

（1）完善安徽省地方政府融资平台的债务风险预警指标体系

安徽省地方政府融资平台应建立科学合理的债务风险预警体系，对自身债务进行定期统计和动态监控。其中，重点对地方政府融资平台的负债率、债务率、偿债率等预警指标进行严格监控。银行业也应根据自身特点，构建监测和评估地方政府融资平台债务的风险预警体系，以便持续跟踪和评估融资平台的现金流情况。通过风险预警体系建设，设置合理的风险预警指标，对可能发生的风险进行提前预警，避免风险发生后带来的损失。2016 年 6 月，《安徽省地方政府债务风险评估和预警暂行办法》对地方政府债务风险评估和预警对象、指标体系、风险化解途径、追责机制等做出规定。安徽省地方政府债务风险评估和预警对象包括各市本级、县级（含县改区、市辖区）人民政府。地方政府债务风险评估和预警指标包括债务率、新增债务率、偿债率、逾期债务率、综合债务率等。综合债务率高于 100%或一般债务率、专项债务率两项均高于 100%的地区，列入风险预警名单；综合债务率低于 100%，但一般债务率或专项债务率有一项高于 100%的地区，列入风险提示名单。

（2）做好警前预防、警中治理和警后恢复工作

债务风险预警是对债务风险状态的反映，不能仅仅依赖风险预警防范和治理风险，而应该将警前、警中和警后的工作统一起来。警前预防重点是严控债务资

金项目审批，避免盲目投资形成债务负担，并严格清查存量债务，分类化解历史债务；警中治理重点是在出现风险预警时，应该及时启动预警机制，选择适宜的处理工具化解债务风险，尽可能降低风险造成的损失；风险化解后，应该对风险预警系统进行修正和完善，并做好债务数据信息的收集、处理和分析，同时补足处理风险时所动用的储备资金等。

10.3.4 强化安徽省地方政府融资平台债务风险治理能力

当发现债务风险时，安徽省地方政府融资平台需要有能力处置风险，这要求融资平台不断提升自身实力。而要做到这一点，安徽省地方政府融资平台需要完善内部治理结构，提高自身偿付能力。

（1）明确安徽省地方政府融资平台的职能定位

融资平台是由地方政府调动优质资源组建而成的，其目的在于扩大资金筹集力度并根据政府意图进行投资，推动当地经济社会发展。地方政府融资平台职责包括对基础设施建设项目的投资、融资、规划、资本运营和资源开发等。在实际运行中，地方政府融资平台的职能远远不止于此。政企不分现象大量存在，融资平台无法独立发展。因此，应明确安徽省地方政府融资平台的职责所在，明确地方政府与融资平台公司的具体角色，地方政府虽然是融资平台的出资方，享有参与权、控制权、重要人士任免权等，但不应该插手融资平台的具体业务活动和企业内部事务。要在确保政府不越位的前提下，推动融资平台明确自身职能定位。

（2）完善安徽省地方政府融资平台的内部治理结构

虽然融资平台是地方政府的融资工具，但地方政府融资平台仍然是以现代企业形态出现，这就要求地方政府融资平台根据现代公司治理要求，健全地方政府融资平台的内部治理结构，从资产负债、公司治理结构、公司经营能力、公司项目管理、融资方式、债务偿还机制等角度提出制度建设要求，在资金筹措、资金使用、资金管理、资金偿还等方面实现良性循环。同时，要建立地方政府融资平台运行的操作标准和规范流程，使融资平台的发展逐步科学化、规范化、制度化。

（3）充实融资平台资本金，提高安徽省融资平台自偿能力

从可持续发展的视角来看，解决融资平台债务风险的唯一出路是提升融资平

台的自主发展能力。应建立规范的政府资本金注入机制，对符合条件的相关收入、土地经营和出让、资源性资产等，可以经整合后注入融资平台；在政策允许条件下，地方政府应该将财政资金直接投入的方式转变为对融资平台增资扩股，提高融资平台的资金实力；进一步优化融资平台资本结构，提高融资平台资产质量，不断提高经营性资产占比，通过经营性收益增加融资平台的现金流。提高地方政府融资平台的自偿能力，可以更好地抵御和控制融资平台潜在的债务风险。

参考文献

[1] 杨飞虎，孟祥慧．地方政府融资平台典型模式研究［J］．江西社会科学，2015，35（09）：67－71.

[2] 财政部．2011年地方政府自行发债试点办法［EB/OL］．http：//www.gov.cn/zwgk/2011—10/20/content_1974229.htm.2011－10－17.

[3] Alesina，A，G. Tabellini. Theory of subnational Debt［J］．Review of Economic Studies，1999（57）：111－123.

[4] 孙东升，陈昊，徐素萍．经济下行压力下地方政府融资平台违约率的估算［J］．经济与管理研究，2015，36（06）：97－103.

[5] 安徽省人民政府．安徽省人民政府关于加强地方政府性债务管理的实施意见［EB/OL］．http：//www.ah.gov.cn/UserData/DocHtml/1/2015/5/15/4869214757823.html.2015－5－15.

[6] 安徽省财政厅．安徽省财政厅关于财政支持政府融资平台公司转型发展的意见［EB/OL］．http：//www.ahcz.gov.cn/portal/zwgk/zcfg/gfxwj/jrzw/1493671385069281.htm.2016－08－17.

[7] 王永钦．中国地方政府融资平台的经济学：效率、风险与政策选择［M］．上海：格致出版社，2014.

[8] 银监会．关于加强2013年地方政府融资平台贷款风险监管的指导意见［EB/OL］．http：//www.yntrust.com/school/show/1231.2013－4－10.

[9] 白晶洁．地方政府融资平台存量债务风险及发展对策——基于国发43

号文出台背景下的辽宁视角［J］．地方财政研究，2015（01）：78－81.

［10］郑旭，张琴．我国地方政府融资平台债务风险防范研究［J］．科技与管理，2015，17（01）：103－109.

［11］Alesina，A.，R. Hausmann，R. Hommes，etal. Budget Institutions and Fiscal Performance in Latin America［J］. Journal of Development Economics，1999，59（25）：231－240.

［12］安徽省统计局．《安徽统计年鉴（2010—2016）》［EB/OL］. http：//www. ahtjj. gov. cn/tjj/web/tjnj _ view. jsp？ _ index＝1.

［13］高旭东，刘勇．中国地方政府融资平台研究［M］．北京：科学出版社，2017.

［14］大公国际资信评估有限公司课题组．地方政府融资平台的发展阶段、矛盾特征及转型模式［J］．债务，2014（11）：15－20.

［15］李经纬，吴永敏．中国地方政府融资平台的债务重构与风险治理［J］．新金融，2014（11）：41－44.

［16］段振文．地方政府融资平台贷款的风险及其影响因素研究［D］．北京：中国农业大学，2014.

［17］封永鹏．我国地方政府融资平台风险及对策研究［D］．财政部财政科学研究所，2014.

［18］黄飞鸣．地方政府融资平台债务扩张的金融约束分析［J］．经济体制改革，2014（03）：132－136.

［19］蒲丹琳，王善平．官员晋升激励、经济责任审计与地方政府融资平台债务［J］．会计研究，2014（05）：88－93，95.

［20］王权．日本地方政府融资平台分析及对我国的启示［J］．现代日本经济，2014（03）：11－19.

［21］管治华．地方政府融资平台负债：风险与规制［M］．北京：经济科学出版社，2016.

［22］平云婷．我国地方政府融资平台风险控制法律问题研究［D］．北京：

北京交通大学，2014.

[23] Barbara Annicchiarico，Giancarlo Marini. Government deficits，consumption and the price level [J]. Portuguese Economic Journal，2005 (12)：122-128.

[24] Eichenbaum. Some Thoughts on Practical Stabilization Policy [J]. American Economic Review，1997 (3)：68-85.

[25] 段振文，张雪莲. 地方政府融资平台贷款的风险特征探析 [J]. 中央财经大学学报，2013 (08)：12-18.

[26] 李建发，林可欣. 地方政府融资平台金融监管与会计规范问题 [J]. 金融会计，2013 (08)：4-12.

[27] 霍邱县人民政府. 六安市人民政府关于加强地方政府性债务管理的实施意见 [EB/OL]. http：//www.huoqiu.gov.cn/DocHtml/1/17/01/00045293.html. 2017-01-09.

[28] 曲斌. 地方政府融资平台效率研究 [D]. 成都：西南财经大学，2013.

[29] 刘伟，李连发. 地方政府融资平台举债的理论分析 [J]. 金融研究，2013 (05)：126-139.

[30] 温来成，苏超. 地方政府融资平台整合前景及对策研究 [J]. 财贸经济，2013 (05)：28-35.

[31] 国务院. 关于深化预算管理制度改革的决定 [EB/OL]. http：//www.gov.cn/zhengce/content/2014—10/08/content_9125.htm. 2014-10-08.

[32] 刘昊，张月友，刘华伟. 地方政府融资平台的债务特点及其风险分析——以东部S省为例 [J]. 财经研究，2013，39 (05)：123-133.

[33] 白艳娟. 地方政府——融资平台举债行为及其影响分析 [M]. 北京：中国农业出版社，2015.

[34] 白艳娟. 地方政府融资平台举债行为及其影响分析 [D]. 天津：南开大学，2013.

[35] 余子良. 地方政府融资平台的来龙去脉与风险规避 [J]. 改革，2013

(01)：76-81.

[36] Frenkel，JA，Razin，A. Government Spending，Debt，and International Economic Interdependence [J]. Economic Journal，1995 (95)：198-202.

[37] 张光华. 地方政府融资平台贷款风险调查与思考 [J]. 新金融，2012 (12)：50-54.

[38] 武彦民，张丽恒. 我国地方政府融资平台债务风险的现状与治理研究 [J]. 青海社会科学，2012 (06)：70-75.

[39] 梅建明. 地方政府融资平台债务风险及可持续发展研究 [M]. 北京：经济科学出版社，2015.

[40] 洪源. 地方政府融资平台债务的可持续规模动态测算——以中部地区J市为例 [J]. 中南财经政法大学学报，2012 (06)：35-42，143.

[41] 财政部. 融资平台公司 2015 年后的债务不属于政府债[EB/OL]. http：//finance. people. com. cn/n1/2016/1104/c1004 — 28835425. html. 2016-11-04.

[42] 胡改蓉. 回归地方政府融资平台公司的公益性定位 [J]. 法学，2012 (10)：9-15.

[43] 马若微，原鹏. 我国地方政府融资平台运行情况探析 [J]. 经济纵横，2012 (10)：18-20.

[44] 国务院. 关于加强地方政府性债务管理的意见 [EB/OL]. http：//www. gov. cn/zhengce/content/2014—10/02/content _ 9111. htm. 2014-10-02.

[45] 张霓. 辽宁地方政府融资平台转型与融资方式创新 [J]. 辽宁经济，2012 (04)：28-31.

[46] 卢兴杰. 我国地方政府融资平台问题研究 [D]. 成都：西南财经大学，2012.

[47] Gabriella Montinola，Yingyi Qian，Barry R. Weingast. Federalism，Chinese Style：The Political Basis for Economic Success in China [J]. World

Politics，1995（10）：295－308.

[48] 吴蔚，艾军卫．地方政府融资平台风险管理研究［J］．对外经贸，2012（03）：57－59.

[49] 国务院办公厅．关于印发地方政府性债务风险应急处置预案的通知［EB/OL］．http：//www.sdaqh.gov.cn/html/20161115/n009517072.html. 2016－11－15.

[50] 张立勇．规范地方政府融资平台发展［J］．中国金融，2012（04）：73－75.

[51] 王晔．地方政府融资平台的法律审视［J］．湖湘论坛，2012（01）：109－112.

[52] 敬志红．地方政府性债务管理研究——兼论地方投融资平台管理［M］．北京：中国农业出版社，2011.

[53] 付忠财，刘成玉．地方政府融资平台信贷风险形成机理与化解对策［J］．西南金融，2012（01）：31－35.

[54] 国务院办公厅．地方政府性债务风险应急处置预案［EB/OL］．http：//www.gov.cn/zhengce/content/2016—11/14/content_5132244.htm. 2016－11－14.

[55] 张世福．当前地方政府融资平台存在的问题及对策探讨［J］．现代城市研究，2011，26（12）：56－60.

[56] 薛菁．地方政府融资平台债务风险的防范［J］．现代经济探讨，2011（09）：37－40.

[57] 孙晓娟．我国地方政府融资平台的风险和对策［J］．经济研究参考，2011（47）：20－23.

[58] 董仕军．中国地方政府——投融资平台公司改革与债务风险防控［M］．北京：经济管理出版社，2015.

[59] 杨飞虎．我国地方政府融资平台问题及其治理研究［M］．北京：经济管理出版社，2016.

[60] 财政部．关于进一步规范地方政府举债融资行为的通知［EB/OL］．http：//www.gov.cn/xinwen/2017—05/03/content_5190675.htm. 2017－05－03.

[61] 梅建明．关于地方政府融资平台运行的若干问题［J］．财政研究，2011（05）：64－66.

[62] 周雪敏．地方政府融资平台问题研究［D］．重庆：西南大学，2011.

[63] 曹大伟．关于地方政府融资平台公司融资的分析与思考［J］．商业研究，2011（04）：100－104.

[64] 吴思琼．地方政府融资平台的债务风险研究［D］．广州：暨南大学，2011.

[65] 周孝华，周青．地方政府融资平台风险管理——基于重庆市投融资平台的实证研究［M］．北京：经济管理出版社，2012.

[66] 赵全厚．中国地方政府融资及其融资平台问题研究［J］．经济研究参考，2011（10）：2－9.

[67] 李娟娟．地方政府融资平台的财政风险与化解对策［J］．新金融，2011（02）：51－54.

[69] 冯兴元．土地财政、地方政府融资平台与规则［J］．中国市场，2011（03）：21－23.

[69] 国务院．关于深化预算管理制度改革的决定［EB/OL］．http：//www.gov.cn/zhengce/content/2014—10/08/content_9125.htm.2014－10－08.

[70] 葛鹤军，缑婷．中国地方政府融资平台信用风险研究［J］．经济学动态，2011（01）：77－80.

[71] 国务院办公厅．国务院关于加强地方政府融资平台公司管理有关问题的通知［EB/OL］．http：//www.gov.cn/zwgk/2010—06/13/content_1627195.htm.2010－06－13.

[72] 耿红斌．地方政府融资平台贷款风险及其防范化解措施浅探［J］．金融纵横，2010（08）：29－32.

[73] 张艳花．地方政府融资平台风险：化解与反思［J］．中国金融，2010（16）：88－91.

[74] 中南财经政法大学．中国地方财政发展研究报告（2012）——地方政

［101］刘红忠，许友传．地方政府融资平台债务重构及其风险缓释［J］．复旦大学学报（社会科学版），2017（11）：143－154.

［102］申志东．运用层次分析法构建国有企业绩效评价体系［J］．审计研究，2013（3）：106－112.

［103］谢虹．基于层次分析法的科技财政支出绩效评价研究［J］．中央财经大学学报，2007（4）：12－16.

［104］彭国甫，李树丞，盛明科．应用层次分析法确定政府绩效评估指标权重研究［J］．中国软科学，2004（6）：136－139.

［105］严武，陈运娟，林毓铭．层次分析法在社会效益评价中的应用［J］．统计研究，1992（4）：69－72.